編者小語

北加州中文學校聯合會教育委員會能在短短兩年內，完成四套 SAT II 中文模擬試題，除了靠天助，沒啥大風大雨，使得每次教育委員會會議如期舉行，並完成預期進度，也要靠人助，長期的工作夥伴方治欽及谷靜，他倆從不抱怨教學及教材資訊的繁瑣，全心全力推動海外華語文教育，並在我做SAT II中文模擬試題最後統籌時，更助我克服難題，順利地完成這個艱巨的任務。當然，我也非常感謝所有投入參與的教委老師們，不辭辛勞的出題、選題、校對，才有這第二冊模擬試題的誕生。教育委員會希望這份模擬試題，能為我們的學生及老師們，提供最大的幫助。

簡瑜 二〇〇七年六月

D0620025

感謝所有參與的老師及聯合會的全力支持

2006-2007 學年度　　　　　會長：魏德珍　　　　副會長：劉新銘

教育委員召集人：　簡　瑜

教師培訓組召集人：方治欽

教材研發組召集人：谷　靜

教育委員：周　均　　劉企虔　　沈淑瓊　　陳姮良　　容長明　　莫兆鳳
　　　　　楊明輝　　盧令玉　　于菊芬　　鄧梅蘭　　陳佩琪　　劉華馥

2005-2006 學年度　　　　　會長：葉雲河　　　　副會長：魏德珍

教育委員召集人：　簡　瑜

教師培訓組召集人：方治欽

教材研發組召集人：谷　靜

教育委員：周　均　　劉企虔　　沈淑瓊　　陳姮良　　容長明　　郭憶萍
　　　　　杜瑪瑱　　尹莉莉　　沈秋蒂　　楊明輝　　盧令玉　　鄧梅蘭

目 錄

SAT II 中文測驗説明

一、考試時間

SAT II Chinese每年只考一次,通常是在十一月初的週末考試。考生可在九月份向所讀高中索取報名表。相關資料請在www.collegeboard.com查詢。

二、考試範圍

SAT II 中文測驗的目的是衡量你對中文的瞭解以及在日常生活中的溝通能力。由於美國的外語教學非常注重學生對生活語言的實際應用能力。所以SAT II 中文測驗的內容也不例外,都是和日常生活的食衣住行娛樂有關。

三、考試方式

SAT II 中文測驗考試一共有85道選擇題,時間是一個小時。其中三部分:聽力(30題)佔20分鐘、語法(25題)和閱讀(30題)佔40分鐘。

聽力部分的考題是用錄音帶播出,考卷上沒有文字。這一部分的題目是用簡短的對話或敘述日常生活裡的一件事來測驗你聽中文的能力。在錄音帶中每一道題目只說一次。所以你要集中注意力去聽。然後圈選考卷上最正確的答案。

語法部份是用一般生活中使用的語句來測驗你是否能正確使用中文字彙和文法。每一題都分別以正體字、簡化字、漢語拼音及注音符號四種型態列出。考生只須用你最擅長熟悉的一種來作答就可以。

閱讀部份是用你平常生活中可能遇到的真實情況為考題。其中包括便條、信件、時刻表、日記、新聞報導、招牌、菜單、天氣預報…等。這些題目是用中文的正體或簡體兩種形式印出。考生只要看懂其中一種就可以。所有題目都是用英文來問,全部都是選擇題。

四、攜帶用品 (Cassette Players)

你必須自己攜帶一個可以被接受的錄音機(附帶有耳機)到考場。最好是在考前先換上一個新的電池。你也可以多準備一套備用的錄音機。考試中心是不提供電池、錄音機或耳機的。

五、計分方式

正式考試的總分是用200-to-800的 score 來統計。而聽力、語法和閱讀的小統計則是用20-to-80的score 來計算，請參考Collegeboard公佈的計算表來計算。在本書的模擬測驗中，請用本書後面所附上的模擬試題答案卷 (Answer Sheet) 來作答，並計算你的成績。計算方法如下：

Raw Score Calculation

- The full score is   85 pts.
- Each correct answer is   1 pts.
- Each wrong answer for question #1.....#15 will have negative point of   -1/2 pts.
- Each wrong answer for question #16...#85 will have negative point of   -1/3 pts.

Reported Score Conversion Table:

Due to various factors and levels of difficulty of the real test, ANCCS doesn't use the Reported Score. The following table is only used for your reference.

Raw Score	Report Score
84	800
80	750<
74	720<
70	700<

Raw Score	Report Score
62	660<
51	600<
41	550<
31	500<

Raw Score	Report Score
23	460<
12	400<
4	360<

SAT II 中文模擬試題（第一套）
Section I：Listening Comprehension

Part A

Directions: In this part of the test you will hear short questions, statements, or exchanges in Mandarin Chinese, follow by three responses designated (A), (B) and (C). You will hear the statements or questions, as well as the responses, just one time and they are not printed in your test booklet. Therefore, you must listen very carefully. Select the best response and fill in the corresponding oval on your answer sheet. You will have 15 seconds to answer each question.

Question 1 　　〈A〉　　〈B〉　　〈C〉

Question 2 　　〈A〉　　〈B〉　　〈C〉

Question 3 　　〈A〉　　〈B〉　　〈C〉

Question 4 　　〈A〉　　〈B〉　　〈C〉

Question 5 　　〈A〉　　〈B〉　　〈C〉

Question 6 　　〈A〉　　〈B〉　　〈C〉

Question 7 　　〈A〉　　〈B〉　　〈C〉

Question 8 　　〈A〉　　〈B〉　　〈C〉

Question 9 　　〈A〉　　〈B〉　　〈C〉

Question 10 　　〈A〉　　〈B〉　　〈C〉

Question 11 　　〈A〉　　〈B〉　　〈C〉

Question 12 　　〈A〉　　〈B〉　　〈C〉

Question 13 　　〈A〉　　〈B〉　　〈C〉

Question 14 　　〈A〉　　〈B〉　　〈C〉

Question 15 　　〈A〉　　〈B〉　　〈C〉

Listening Part B

Directions: You will now hear a series of short selections. You will hear them <u>only once</u> and they are not printed in your test booklet. After each selection, you will be asked one or more questions about what you have just heard. These questions, with four possible answers, are printed in your test booklet. Select the best answer to each question from among the four choices given and fill in the corresponding oval on your answer sheet. You will have 15 seconds to answer each question.

Question 16

What season is it now?

⟨A⟩ spring

⟨B⟩ summer

⟨C⟩ fall

⟨D⟩ winter

Question 17

Which country will host the 2008 Olympics?

⟨A⟩ China

⟨B⟩ United States

⟨C⟩ England

⟨D⟩ France

Question 18

What does the customer want to buy?

⟨A⟩ pants

⟨B⟩ skirt

⟨C⟩ jacket

⟨D⟩ shoes

Question 19

Which class is the hardest?

⟨A⟩ Chinese

⟨B⟩ English

⟨C⟩ French

⟨D⟩ Math

Question 20

Why did he get a ticket?

〈A〉 running a red light

〈B〉 illegal parking

〈(C)〉 speeding

〈D〉 driving without license

Question 21

Which electronic appliance wastes the most energy and money?

〈A〉 fan

〈B〉 microwave

〈(C)〉 air conditioner

〈D〉 oven

Question 22

Where will the Chinese new year parade be held?

〈A〉 Taipei

〈(B)〉 San Francisco

〈C〉 New York

〈D〉 Washington DC

Question 23

Which president was once an actor?

〈A〉 Nixon

〈(B)〉 Lincoln

〈C〉 Bush

〈D〉 Reagan

Question 24

How much is the monthly rent?

〈(A)〉 $ 1,000

〈B〉 $ 2,000

〈C〉 $ 1,500

〈D〉 $ 2,500

Question25
    Besides the ski slopes , where else can you improve your balance?
        〈A〉 gym
        〈B〉 home
        〈C〉 dance studio
        〈D〉 skating rink

Question 26
    What type of mail are they sending?
        〈A〉 Regular mail
        〈B〉 First class
        〈C〉 Certified mail
        〈D〉 Parcel

Question 27
    Where is she going?
        〈A〉 Europe
        〈B〉 Asia
        〈C〉 Australia
        〈D〉 South America

Question 28
    What sport does he play?
        〈A〉 Football
        〈B〉 Soccer
        〈C〉 Tennis
        〈D〉 Jogging

Question 29
    Besides food coloring, what else does the drink contain?
        〈A〉 Sugar
        〈B〉 Juice
        〈C〉 Honey
        〈D〉 Vitamins

Question 30
What type of book does he like to read?
〈A〉 Romance
〈B〉 Science fiction
〈C〉 Mystery
〈D〉 Horror

Part A

Directions: In this part of the test you will hear short questions, statements, or exchanges in Mandarin Chinese, follow by three responses designated (A), (B) and (C). You will hear the statements or questions, as well as the responses, just one time and they are not printed in your test booklet. Therefore, you must listen very carefully. Select the best response and fill in the corresponding oval on your answer sheet. You will have 15 seconds to answer each question.

Question 1
你最近都在忙些什麼？

〈A〉 我感覺不太舒服。

〈B〉 天氣很不錯。

〈C〉 我正在準備考試。

Question 2
你覺得加州的氣候如何？

〈A〉我暑假想去旅行。

〈B〉去年的雨水很多。

〈C〉很適合居住。

Question 3
這件衣服的花色很好看。

〈A〉我比較喜歡穿長褲。

〈B〉是啊！我好不容易才買到的。

〈C〉這件衣服稍微大了一點點。

Question 4
下星期的 AP 考試，你準備得怎麼樣了？

〈A〉應該沒什麼問題。

〈B〉我才九年級而已。

〈C〉我媽媽會陪我去。

Question 5

這部電腦記憶體容量太小，存不下太多圖片。

〈A〉這些圖片實在是太好看了。

Ⓑ 那麼就換一部新的電腦吧！

〈C〉電腦記憶體就好像人的頭腦。

Question 6

「魔戒」這一部電影拍得很不錯。

〈A〉電影院的椅子坐起來非常舒服。

〈B〉我喜歡看電影。

Ⓒ 那我們現在就去看吧。

Question 7

圖書館位於這條路的盡頭。

〈A〉圖書館不久前才蓋好。

〈B〉圖書館有許多書。

Ⓒ 圖書館的後面已經沒有路了。

Question 8

你來美國多久了？

Ⓐ 是在美國出生的。

〈B〉我喜歡美國。

〈C〉我以前來過美國。

Question 9

你看過「哈利波特」這本書嗎？

〈A〉我昨天有去書店。

〈B〉我常去圖書館借書。

Ⓒ 我早就看完了。

Question 10

你的中國話講得很好。

　　〈A〉 我比較喜歡聽中國的音樂。

　　(B) 謝謝你！

　　〈C〉 學中文很有意思。

Question 11

這部車太舊了，該換部新車了。

　　〈A〉 這部車已開了十年。

　　〈B〉 新車非常好看。

　　(C) 我早就有這個想法了。

Question 12

這真是一場精彩的球賽。

　　〈A〉 我比較喜歡打網球。

　　〈B〉 我覺得足球賽真好看。

　　(C) 是啊！直到最後一分鐘，才分出勝負。

Question 13

你知道 DMV 在哪裡嗎？

　　(A) 就在前面。

　　〈B〉 每天有許多人在考駕照。

　　〈C〉 那兒的人看起來都很忙。

Question 14

這次南亞地區的海嘯，實在太可怕了。

　　〈A〉 我喜歡住在亞洲。

　　(B) 聽說死亡人數超過二十五萬人。

　　〈C〉 地震真可怕。

Question 15

你總共花了多少錢？

〈A〉 賺錢真辛苦。

〈B〉 大約一百元。

〈C〉 花錢真有意思。

Listening Part B

Directions: You will now hear a series of short selections. You will hear them <u>only once</u> and they are not printed in your test booklet. After each selection, you will be asked one or more questions about what you have just heard. These questions, with four possible answers, are printed in your test booklet. Select the best answer to each question from among the four choices given and fill in the corresponding oval on your answer sheet. You will have 15 seconds to answer each question.

Question 16

男：這幾天天氣真有一點反常。

女：都已是冬天了，卻熱得讓人受不了。

男：明天氣象報告怎麼說？

女：明天還是很熱。

Question 17

男：2008 年奧運會在哪裡舉行？

女：在北京市舉行。

男：北京市在哪裡？

女：在中國。

Question 18

男：這是最新流行的褲子，妳覺得如何？

女：樣式的確不錯，但價格太貴了。

男：我可以給妳百分之二十的折扣。

Question 19

男：這個暑假妳修了哪些課？

女：有法文、數學、化學和科學。

男：哪一科最難？

女：數學很難，法文更難，但科學很簡單。

Question 20

女：要小心開車，否則就有可能接到罰單。

男：我前天才因為超速，被開了一張罰單。

女：我沒說錯吧。

Question 21

男：夏天用電量過多，電費簡直是高得嚇人。

女：冷氣的用電量實在太高。

男：以後就儘量使用電風扇好了。

女：不錯！既可節約能源，又可省下金錢。

Question 22

男：今年的中國新年大遊行，妳想去參觀嗎？

女：當然想啊！是哪一天？在哪裡？

男：是二月二十日，舊金山。

Question 23

女：阿諾史瓦辛格當選了加州州長，他是我的偶像。

男：他是演員出身，許多人看過他演的電影。

女：一個演員能當選州長，可真是不容易。

男：那也沒什麼。雷根總統也當過演員呢！

Question 24

男：請問，妳有房間要出租嗎？

女：有！一房一廳，傢俱及電話齊全，還有一個戶外專用停車位。

男：房租如何？

女：每月一千元，還須先付二千元押金。

Question25
男：冬天是滑雪的季節，妳喜歡滑雪嗎？
女：我只是心裡喜歡而已，事實上我還不會滑雪。
男：妳可以先去室內溜冰場玩玩，順便可以訓練妳的平衡感。

Question 26
女：我想寄信到中國，要多少郵費？
男：妳要寄普通信還是掛號信？
女：普通的就可以。
男：要付一塊錢。

Question 27
男：我媽媽今天要去歐洲旅行。
女：她是跟旅行團一起出發的吧！
男：才不是呢，她是自助旅行。

Question 28
男：這雙鞋穿還不到一個月就破了。
女：你平常做什麼運動？
男：我每天打網球。
女：那你應該買網球專用的鞋子。

Question 29
女：這些垃圾飲料不要喝太多。
男：為什麼？
女：因為加了太多糖水和色素，卻沒任何營養。

Question 30
女：你喜歡看小說嗎？
男：喜歡是喜歡，可是我好久沒看了。
女：我喜歡愛情小說，有時還會感動得哭起來。
男：其實，我最喜歡的是科幻小說。

Directions: This section consists of a number of incomplete statements, each of which has four suggested completions. Selct the word or phrase that best completes the sentence structurally and logically. Please fill in the corresponding oval on the answer sheet.

THE QUESTIONS ARE PRESENTED IN FOUR DIFFERENT WRITING SYSTEMS: TRADITIONAL CHARACTERS, SIMPLIFIED CHARACTERS, PINYIN ROMANIZATION, AND CHINESE PHONETIC ALPHABET (BO PO MO FO). TO SAVE TIME, IT IS RECOMMENDED THAT YOU CHOOSE THE WRITING SYSTEM WITH WHICH YOU ARE MOST FAMILIAR WITH AND **READ ONLY THAT VERSION OF THE QUESTION.**

1. _____ 在家看電視，
   _____ 去公園打球。
   - (A) 與其 ...... 不如
   - (B) 不但 ...... 而且
   - (C) 雖然 ...... 可是
   - (D) 既然 ...... 不如

1. _____ 在家看电视，
   _____ 去公园打球。
   - (A) 与其 .... 不如
   - (B) 不但 .... 而且
   - (C) 虽然 .... 可是
   - (D) 既然 .... 不如

1. _____ ㄗㄞ ㄐㄧㄚ ㄎㄢ ㄉㄧㄢ ㄕ，
   _____ ㄑㄩ ㄍㄨㄥ ㄩㄢ ㄉㄚ ㄑㄧㄡ。
   - (A) ㄩˇㄑㄧˊ ...... ㄅㄨˋㄖㄨˊ
   - (B) ㄅㄨˊㄉㄢˋ ...... ㄦˊㄑㄧㄝˇ
   - (C) ㄙㄨㄟㄖㄢˊ ...... ㄎㄜˇㄕˋ
   - (D) ㄐㄧˋㄖㄢˊ ...... ㄅㄨˋㄖㄨˊ

1. _____ zài jiā kàn diàn shì
   _____ qù gōng yuán dǎ qíu
   - (A) yǔ qí ...... bù rú
   - (B) bú dàn ..... ér qiě
   - (C) suī rán ... kě shì
   - (D) jì rán ..... bù rú

....

2. 這間房間已經 _____ 她
   打掃得乾乾淨淨。
   - (A) 把
   - (B) 被
   - (C) 將
   - (D) 拿

2. 这间房间已经 _____ 她
   打扫得干干净净。
   - (A) 把
   - (B) 被
   - (C) 将
   - (D) 拿

2. ㄓㄜˋㄐㄧㄢ ㄈㄤˊㄐㄧㄢ ㄧˇㄐㄧㄥ _____ ㄊㄚ
   ㄉㄚˇㄙㄠˇㄉㄜ ㄍㄢㄍㄢ ㄐㄧㄥˋㄐㄧㄥˋ。
   - (A) ㄅㄚˇ
   - (B) ㄅㄟˋ
   - (C) ㄐㄧㄤ
   - (D) ㄋㄚˊ

2. zhè jiān fáng jiān yǐ jīng _____ tā
   dǎ sǎo de gān gān jìng jìng
   - (A) bǎ
   - (B) bèi
   - (C) jiāng
   - (D) ná

3. 大千 _____ 不用功

  _____ 不會分配時間。

　　(A) 不是 . . . . 而是

　　(B) 因為 . . . . 所以

　　(C) 不但 . . . . 可是

　　(D) 雖然 . . . . 可是

3. ㄉㄚˋ ㄑㄧㄢ _____ ㄅㄨˊ ㄩㄥˋ ㄍㄨㄥ

  _____ ㄅㄨˊ ㄏㄨㄟˋ ㄈㄣ ㄆㄟˋ ㄕˊ ㄐㄧㄢ。

　　(A) ㄅㄨˋ ㄕˋ . . . . ㄦˊ ㄕˋ

　　(B) ㄧㄣ ㄨㄟˋ . . . . ㄙㄨㄛˇ ㄧˇ

　　(C) ㄅㄨˊ ㄉㄢˋ . . . . ㄎㄜˇ ㄕˋ

　　(D) ㄙㄨㄟ ㄖㄢˊ . . . . ㄎㄜˇ ㄕˋ

3. 大千 _____ 不用功

  _____ 不会分配时间。

　　(A) 不是 . . . . . 而是

　　(B) 因为 . . . . . 所以

　　(C) 不但 . . . . . 可是

　　(D) 虽然 . . . . . 可是

3. Dà qiān _____ bú yòng gōng

  _____ bú huì fēn pèi shí jiān

　　(A) bú shì . . . . . . ér shì

　　(B) yīn wèi . . . . . . suǒ yǐ

　　(C) bú dàn . . . . . . kě shì

　　(D) suī rǎn . . . . . . kě shì

. . . .

4. 請你快點兒走，

  要_____ 就會趕不上車了。

　　(A) 不是

　　(B) 不然

　　(C) 不再

　　(D) 不一定

4. ㄑㄧㄥˇ ㄋㄧˇ ㄎㄨㄞˋ ㄉㄧㄢˇ ㄦ ㄗㄡˇ，

  ㄧㄠˋ _____ ㄐㄧㄡˋ ㄏㄨㄟˋ ㄍㄢˇ ㄅㄨˊ ㄕㄤˋ ㄔㄜ ㄌㄜ。

　　(A) ㄅㄨˋ ㄕˋ

　　(B) ㄅㄨˋ ㄖㄢˊ

　　(C) ㄅㄨˊ ㄗㄞˋ

　　(D) ㄅㄨˋ ㄧ ㄉㄧㄥˋ

4. 请你快点儿走，

  要_____ 就会赶不上车了。

　　(A) 不是

　　(B) 不然

　　(C) 不再

　　(D) 不一定

4. qǐng nǐ kuài diǎnr zǒu

  yào _____ jìu huì gǎn bú shàng chē le

　　(A) bú shì

　　(B) bù rán

　　(C) bú zài

　　(D) bù yí dìng

. . . .

5. 今天的班機大概下午

  七點半____才能到達機場。

　　(A) 上下

　　(B) 前後

　　(C) 左右

　　(D) 中間

5. ㄐㄧㄣ ㄊㄧㄢ ㄉㄜ ㄅㄢ ㄐㄧ ㄉㄚˋ ㄍㄞˋ ㄒㄧㄚˋ ㄨˇ

  ㄑㄧ ㄉㄧㄢˇ ㄅㄢˋ _____ ㄘㄞˊ ㄋㄥˊ ㄉㄠˋ ㄉㄚˊ ㄐㄧ ㄔㄤˇ。

　　(A) ㄕㄤˋ ㄒㄧㄚˋ

　　(B) ㄑㄧㄢˊ ㄏㄡˋ

　　(C) ㄗㄨㄛˇ ㄧㄡˋ

　　(D) ㄓㄨㄥ ㄐㄧㄢ

5. 今天的班机大概下午

  七点半____才能到达机场。

　　(A) 上下

　　(B) 前后

　　(C) 左右

　　(D) 中间

5. jīn tiān de bān jī dà gài xià wǔ qī diǎn

  bàn _____ cái néng dào dá jī chǎng

　　(A) shàng xià

　　(B) qián hòu

　　(C) zuǒ yòu

　　(D) zhōng jiān

6. 我們可以叫一 _____ 冰淇淋，
   大家分來吃。
   (A) 盤
   (B) 瓶
   (C) 客
   (D) 串

6. ㄨㄛˇ ㄇㄣ˙ ㄎㄜˇ ㄧˇ ㄐㄧㄠˋ ㄧ _____ ㄅㄧㄥ ㄑㄧˊ ㄌㄧㄣˊ，
   ㄉㄚˋ ㄐㄧㄚ ㄈㄣ ㄌㄞˊ ㄔ。
   (A) ㄆㄢˊ
   (B) ㄆㄧㄥˊ
   (C) ㄎㄜˋ
   (D) ㄔㄨㄢˋ

6. 我们可以叫一 _____ 冰淇淋，
   大家分来吃。
   (A) 盘
   (B) 瓶
   (C) 客
   (D) 串

6. wǒ men kě yǐ jiào yí ____ bīng qí lín
   dà jiā fēn lái chī
   (A) pán
   (B) píng
   (C) kè
   (D) chuàn

....

7. 這本書 _____ 你的 _____ 他的，
   因為我們都有了。
   (A) 不僅 . . . . 而且
   (B) 還是 . . . . 還是
   (C) 不是 . . . . 就是
   (D) 就是 . . . . 就是

7. ㄓㄜˋ ㄅㄣˇ ㄕㄨ _____ ㄋㄧˇ ㄉㄜ˙ _____ ㄊㄚ ㄉㄜ˙，
   ㄧㄣ ㄨㄟˋ ㄨㄛˇ ㄇㄣ˙ ㄉㄡ ㄧㄡˇ ㄌㄜ˙。
   (A) ㄅㄨˋ ㄐㄧㄣˇ . . . . . ㄦˊ ㄑㄧㄝˇ
   (B) ㄏㄞˊ ㄕˋ . . . . . ㄏㄞˊ ㄕˋ
   (C) ㄅㄨˊ ㄕˋ . . . . . ㄐㄧㄡˋ ㄕˋ
   (D) ㄐㄧㄡˋ ㄕˋ . . . . . ㄐㄧㄡˋ ㄕˋ

7. 这本书 ____ 你的 ____ 他的，
   因为我们都有了。
   (A) 不仅 ..... 而且
   (B) 还是 ..... 还是
   (C) 不是 ..... 就是
   (D) 就是 ..... 就是

7. zhè běn shū ____ nǐ de ____ tā de
   yīn wèi wǒ men dōu yǒu le
   (A) bù jǐn ......ér qiě
   (B) hái shì ...... hái shì
   (C) bú shì ...... jiù shì
   (D) jìu shì...... jìu shì

....

8. 等一下你去菜場時，
   _____ 幫我買些零食回來。
   (A) 方便
   (B) 隨便
   (C) 順便
   (D) 不便

8. ㄉㄥˇ ㄧˊ ㄒㄧㄚˋ ㄋㄧˇ ㄑㄩˋ ㄘㄞˋ ㄔㄤˇ ㄕˊ，
   _____ ㄅㄤ ㄨㄛˇ ㄇㄞˇ ㄒㄧㄝ ㄌㄧㄥˊ ㄕˊ ㄏㄨㄟˊ ㄌㄞˊ。
   (A) ㄈㄤ ㄅㄧㄢˋ
   (B) ㄙㄨㄟˊ ㄅㄧㄢˋ
   (C) ㄕㄨㄣˋ ㄅㄧㄢˋ
   (D) ㄅㄨˊ ㄅㄧㄢˋ

8. 等一下你去菜场时，
   ____ 帮我买些零食回来。
   (A) 方便
   (B) 随便
   (C) 顺便
   (D) 不便

8. děng yí xià nǐ qù cài chǎng shí
   ____ bāng wǒ mǎi xiē líng shí huí lái
   (A) fāng biàn
   (B) suí biàn
   (C) shùn biàn
   (D) bú biàn

9. 媽媽幫我買了 ＿＿＿＿＿
   漂亮的書桌。
   (A) 一間
   (B) 一張
   (C) 一隻
   (D) 一件

9. ㄇㄚ ˙ㄇㄚ ㄅㄤ ㄨㄛˇ ㄇㄞˇ ˙ㄌㄜ ＿＿＿＿＿
   ㄆㄧㄠˋ ㄌㄧㄤˋ ˙ㄉㄜ ㄕㄨ ㄓㄨㄛ 。
   (A) 一 ㄐㄧㄢ
   (B) 一 ㄓㄤ
   (C) 一 ㄓ
   (D) 一 ㄐㄧㄢ

9. 妈妈帮我买了 ＿＿＿＿＿＿
   漂亮的书桌。
   (A) 一间
   (B) 一张
   (C) 一只
   (D) 一件

9. mā ma bāng wǒ mǎi le ＿＿＿＿＿＿
   piào liàng de shū zhuō
   (A) yì jiān
   (B) yì zhāng
   (C) yì zhī
   (D) yí jiàn

---

10. 這麼簡單的事，
    你 ＿＿＿＿＿ 不會自己做嗎？
    (A) 一定
    (B) 難道
    (C) 然而
    (D) 雖然

10. ㄓㄜˋ ˙ㄇㄛ ㄐㄧㄢˇ ㄉㄢ ˙ㄉㄜ ㄕˋ ，
    ㄋㄧˇ ＿＿＿＿＿＿ ㄅㄨˋ ㄏㄨㄟˋ ㄗˋ ㄐㄧˇ ㄗㄨㄛˋ ˙ㄇㄚ ？
    (A) 一 ㄉㄧㄥ
    (B) ㄋㄢˊ ㄉㄠˋ
    (C) ㄖㄢˊ ㄦˊ
    (D) ㄙㄨㄟ ㄖㄢˊ

10. 这么简单的事，
    你 ＿＿＿＿＿不会自己做吗？
    (A) 一定
    (B) 难道
    (C) 然而
    (D) 虽然

10. zhè mo jiǎn dān de shì
    nǐ ＿＿＿＿＿bú huì zì jǐ zuò ma?
    (A) yí dìng
    (B) nán dào
    (C) rán ér
    (D) suī rán

---

11. 沒想到他 ＿＿＿＿＿＿
    拒絕了我的邀請。
    (A) 一心
    (B) 一同
    (C) 一口
    (D) 一起

11. ㄇㄟˊ ㄒㄧㄤˇ ㄉㄠˋ ㄊㄚ ＿＿＿＿＿＿
    ㄐㄩˋ ㄐㄩㄝˊ ˙ㄌㄜ ㄨㄛˇ ˙ㄉㄜ ㄧㄠ ㄑㄧㄥˇ 。
    (A) 一 ㄒㄧㄣ
    (B) 一 ㄊㄨㄥˊ
    (C) 一 ㄎㄡˇ
    (D) 一 ㄑㄧˇ

11. 没想到他 ＿＿＿＿
    拒绝了我的邀请。
    (A) 一心
    (B) 一同
    (C) 一口
    (D) 一起

11. méi xiǎng dào tā ＿＿＿＿＿＿＿＿
    jù jué le wǒ de yāo qǐng
    (A) yì xīn
    (B) yì tóng
    (C) yì kǒu
    (D) yì qǐ

12. 哥哥 _____ 早飯 _____ 沒吃，
就去上學了。
- (A) 一 ..... 就
- (B) 連 ..... 都
- (C) 雖然 ..... 但是
- (D) 除了 ..... 以外

12. 哥哥 _____ 早饭 _____ 没吃，
就去上学了。
- (A) 一 ..... 就
- (B) 连 ..... 都
- (C) 虽然 ..... 但是
- (D) 除了 ..... 以外

12. ㄍㄜ ㄍㄜ _____ ㄗㄠ ㄈㄢ _____ ㄇㄟˊ ㄔ，
ㄐㄧㄡˋ ㄑㄩˋ ㄕㄤˋ ㄒㄩㄝˊ ㄌㄜ。
- (A) ㄧ ..... ㄐㄧㄡ
- (B) ㄌㄧㄢˊ ..... ㄉㄡ
- (C) ㄙㄨㄟ ㄖㄢˊ ..... ㄉㄢˋ ㄕ
- (D) ㄔㄨˊ ㄌㄜ ..... ㄧˇ ㄨㄞ

12. gē ge _____ zǎo fàn _____ méi chī
jiù qù shàng xué le
- (A) yì ...... jiù
- (B) lián ...... dōu
- (C) suī rán ...... dàn shì
- (D) chú le ...... yǐ wài

....

13. 哪怕困難再多，
我 _____ 放棄這個計劃。
- (A) 決心
- (B) 決定
- (C) 決不
- (D) 一定

13. 哪怕困难再多，
我 _____ 放弃这个计划。
- (A) 决心
- (B) 决定
- (C) 决不
- (D) 一定

13. ㄋㄚˇ ㄆㄚˋ ㄎㄨㄣˋ ㄋㄢˊ ㄗㄞˋ ㄉㄨㄛ，
ㄨㄛˇ _____ ㄈㄤˋ ㄑㄧˋ ㄓㄜˋ ㄍㄜ ㄐㄧˋ ㄏㄨㄚˋ。
- (A) ㄐㄩㄝˊ ㄒㄧㄣ
- (B) ㄐㄩㄝˊ ㄉㄧㄥˋ
- (C) ㄐㄩㄝˊ ㄅㄨˋ
- (D) ㄧˊ ㄉㄧㄥˋ

13. nǎ pà kùn nán zài duō
wǒ _____ fàng qì zhè ge jī huà
- (A) jué xīn
- (B) jué dìng
- (C) jué bù
- (D) yí dìng

....

14. _____ 太緊張，
_____ 他考試失常了。
- (A) 實在 ..... 以為
- (B) 由於 ..... 所以
- (C) 就是 ..... 可以
- (D) 既然 ..... 不如

14. _____ 太紧张，
_____ 他考试失常了。
- (A) 实在 ..... 以为
- (B) 由于 ..... 所以
- (C) 就是 ..... 可以
- (D) 既然 ..... 不如

14. _____ ㄊㄞˋ ㄐㄧㄣˇ ㄓㄤ，
_____ ㄊㄚ ㄎㄠˇ ㄕˋ ㄕ ㄔㄤˊ ㄌㄜ。
- (A) ㄕˊ ㄗㄞˋ ..... ㄧˇ ㄨㄟˊ
- (B) ㄧㄡˊ ㄩˊ ..... ㄙㄨㄛˇ ㄧˇ
- (C) ㄐㄧㄡˋ ㄕˋ ..... ㄎㄜˇ ㄧˇ
- (D) ㄐㄧˋ ㄖㄢˊ ..... ㄅㄨˋ ㄖㄨˊ

14. _____ tài jǐn zhāng
_____ tā kǎo shì shī cháng le
- (A) shí zài ...... yǐ wéi
- (B) yóu yú ...... suǒ yǐ
- (C) jiù shì ...... kě yǐ
- (D) jì rán .....bù rú

15. 媽媽準備了許多吃 _____ 東西，
　　大家都吃 _____ 開心。
　　　(A)　的 . . . . . 的
　　　(B)　得 . . . . . 得
　　　(C)　的 . . . . . 得
　　　(D)　得 . . . . . 的

15. 媽媽準備了許多吃 _____ 東西，大家都吃 _____ 開心。
（ㄓㄨㄣˇ ㄅㄟˋ ㄌㄜ ㄒㄩˇ ㄉㄨㄛ ㄔ _____ ㄉㄨㄥ ㄒㄧ，ㄉㄚˋ ㄐㄧㄚ ㄉㄡ ㄔ _____ ㄎㄞ ㄒㄧㄣ。）
　　　(A)　ㄉㄜ . . . . . ㄉㄜ
　　　(B)　ㄉㄜ . . . . . ㄉㄜ
　　　(C)　ㄉㄜ . . . . . ㄉㄜ
　　　(D)　ㄉㄜ . . . . . ㄉㄜ

15. 妈妈准备了许多吃 _____ 东西，
　　大家都吃 _____ 开心。
　　　(A) 的 . . . . 的
　　　(B) 得 . . . . 得
　　　(C) 的 . . . . 得
　　　(D) 得 . . . . 的

15. mā ma zhǔn bèi le xǔ duō chī _____ dōng xī，dà jiā dōu chī _____ kāi xīn
　　　(A) de . . . . . . de
　　　(B) dé . . . . . . dé
　　　(C) de . . . . . . dé
　　　(D) dé . . . . . . de

16. 這家超級市場的東西
　　_____ 新鮮 _____ 便宜。
　　　(A)　也 . . . . . 也
　　　(B)　又 . . . . . 又
　　　(C)　又 . . . . . 卻
　　　(D)　還 . . . . . 還

16. 這家超級市場的東西
　　_____ ㄒㄧㄣ ㄒㄧㄢ _____ ㄆㄧㄢˊ ㄧ。
　　　(A)　ㄧㄝˇ . . . . . ㄧㄝˇ
　　　(B)　ㄧㄡˋ . . . . . ㄧㄡˋ
　　　(C)　ㄧㄡˋ . . . . . ㄑㄩㄝˋ
　　　(D)　ㄏㄞˊ . . . . . ㄏㄞˊ

16. 这家超级市场的东西
　　_____ 新鲜 _____ 便宜。
　　　(A) 也 . . . . . 也
　　　(B) 又 . . . . . 又
　　　(C) 又 . . . . . 却
　　　(D) 还 . . . . . 还

16. zhè jiā chāo jí shì chǎng de dōng xī _____ xīn xiān _____ pián yí
　　　(A) yě . . . . . . yě
　　　(B) yòu . . . . . . yòu
　　　(C) yòu . . . . . . què
　　　(D) hái . . . . . . hái

17. 你知道這個故事的 _____ 嗎?
　　　(A)　由來
　　　(B)　理由
　　　(C)　由於
　　　(D)　於是

17. ㄋㄧˇ ㄓ ㄉㄠˋ ㄓㄜˋ ㄍㄜ ㄍㄨˋ ㄕˋ ㄉㄜ _____ ㄇㄚ?
　　　(A)　ㄧㄡˊ ㄌㄞˊ
　　　(B)　ㄌㄧˇ ㄧㄡˊ
　　　(C)　ㄧㄡˊ ㄩˊ
　　　(D)　ㄩˊ ㄕˋ

17. 你知道这个故事的 _____ 吗?
　　　(A) 由来
　　　(B) 理由
　　　(C) 由于
　　　(D) 于是

17. nǐ zhī dào zhè ge gù shì de _____ ma?
　　　(A) yóu lái
　　　(B) lǐ yóu
　　　(C) yóu yú
　　　(D) yú shì

18. _____ 三年前一別，
　　我就再也沒有看見過他。
　　　(A) 從此
　　　(B) 自從
　　　(C) 此後
　　　(D) 曾經

18. _____ ㄙㄢ ㄋㄧㄢˊ ㄑㄧㄢˊ ㄧˊ ㄅㄧㄝˊ，
　　ㄨㄛˇ ㄐㄧㄡˋ ㄗㄞˋ ㄧㄝˇ ㄇㄟˊ ㄧㄡˇ ㄎㄢˋ ㄐㄧㄢˋ ㄍㄨㄛˋ ㄊㄚ。
　　　(A) ㄘㄨㄥˊ ㄘˇ
　　　(B) ㄗˋ ㄘㄨㄥˊ
　　　(C) ㄘˇ ㄏㄡˋ
　　　(D) ㄘㄥˊ ㄐㄧㄥ

18. _____ 三年前一别，
　　我就再也没有看见过他。
　　　(A) 从此
　　　(B) 自从
　　　(C) 此后
　　　(D) 曾经

18. sān nián qián yì bié
　　wǒ jìu zài yě méi yǒu kàn jiàn guò tā
　　　(A) cóng cǐ
　　　(B) zì cóng
　　　(C) cǐ hòu
　　　(D) céng jīng

. . . .

19. ___ 飛機上 ____ 下看，
　　房子車子都變得好小。
　　　(A) 從 . . . . . 到
　　　(B) 自 . . . . . 到
　　　(C) 從 . . . . . 往
　　　(D) 到 . . . . . 往

19. ___ ㄈㄟ ㄐㄧ ㄕㄤˋ ____ ㄒㄧㄚˋ ㄎㄢˋ，
　　ㄈㄤˊ ㄗ˙ ㄔㄜ ㄗ˙ ㄉㄡ ㄅㄧㄢˋ ㄉㄜ˙ ㄏㄠˇ ㄒㄧㄠˇ。
　　　(A) ㄘㄨㄥˊ . . . . . ㄉㄠˋ
　　　(B) ㄗˋ . . . . . ㄉㄠˋ
　　　(C) ㄘㄨㄥˊ . . . . . ㄨㄤˇ
　　　(D) ㄉㄠˋ . . . . . ㄨㄤˇ

19. ___ 飞机上 ____ 下看，
　　房子车子都变得好小。
　　　(A) 从 . . . . . 到
　　　(B) 自 . . . . . 到
　　Ⓒ 从 . . . . . 往
　　　(D) 到 . . . . . 往

19. _____ fēi jī shàng _____ xià kàn
　　fáng zi chē zi dōu biàn de hǎo xiǎo
　　　(A) cóng . . . . . . dào
　　　(B) zì . . . . . . dào
　　　(C) cóng . . . . . . wǎng
　　　(D) dào . . . . . . wǎng

. . . .

20. 他們 ____ 結婚三年多了。
　　　(A) 已經
　　　(B) 才
　　　(C) 經過
　　　(D) 過去

20. ㄊㄚ ㄇㄣ˙ ____ ㄐㄧㄝˊ ㄏㄨㄣ ㄙㄢ ㄋㄧㄢˊ ㄉㄨㄛ ㄌㄜ˙。
　　　(A) ㄧˇ ㄐㄧㄥ
　　　(B) ㄘㄞˊ
　　　(C) ㄐㄧㄥ ㄍㄨㄛˋ
　　　(D) ㄍㄨㄛˋ ㄑㄩˋ

20. 他们 ____ 结婚三年多了。
　　　(A) 已经
　　　(B) 才
　　　(C) 经过
　　　(D) 过去

20. tā men _____ jié hūn sān nián duō le
　　　(A) yǐ jīng
　　　(B) cái
　　　(C) jīng guò
　　　(D) guò qù

21. 我一次也沒有 _____ 迪斯奈樂園。
　　(A) 到了
　　(B) 來了
　　(C) 去過
　　(D) 去了

21. 我一次也没有 _____ 迪斯奈乐园。
　　(A) 到了
　　(C) 去过
　　(B) 来了
　　(D) 去了

21. ㄨㄛˇ ㄧˊ ㄘˋ ㄧㄝˇ ㄇㄟˊ ㄧㄡˇ _____ ㄉㄧˋ ㄙ ㄋㄞˋ ㄌㄜˋ ㄩㄢˊ。
　　(A) ㄉㄠˋ ㄌㄜ
　　(B) ㄌㄞˊ ㄌㄜ
　　(C) ㄑㄩˋ ㄍㄨㄛˋ
　　(D) ㄑㄩˋ ㄌㄜ

21. wǒ yí cì yě méi yǒu ____dí sī nài lè yuán
　　(A) dào le
　　(B) lái le
　　(C) qù guò
　　(D) qù le

....

22. _____ 連續海嘯，
　　南亞發生了極大的災害。
　　　　(A) 為了
　　　　(B) 由於
　　　　(C) 但是
　　　　(D) 不過

22. _____ 连续海啸，
　　南亚发生了极大的灾害。
　　　　(A) 为了
　　　　(B) 由于
　　　　(C) 但是
　　　　(D) 不过

22. _____ ㄌㄧㄢˊ ㄒㄩˋ ㄏㄞˇ ㄒㄧㄠˋ，
　　ㄋㄢˊ ㄧㄚˇ ㄈㄚ ㄕㄥ ㄌㄜ ㄐㄧˊ ㄉㄚˋ ㄉㄜ ㄗㄞ ㄏㄞˋ。
　　　　(A) ㄨㄟˋ ㄌㄜ
　　　　(B) ㄧㄡˊ ㄩˊ
　　　　(C) ㄉㄢˋ ㄕˋ
　　　　(D) ㄅㄨˊ ㄍㄨㄛˋ

22. _____ lián xù hǎi xiào
　　nán yǎ fā shēng le jí dà de zāi hài
　　　　(A) wèi le
　　　　(B) yóu yú
　　　　(C) dàn shì
　　　　(D) bú guò

....

23. 不是我不幫你，
　　_____ 沒有時間去做。
　　　　(A) 所以
　　　　(B) 而且
　　　　(C) 而是
　　　　(D) 可是

23. 不是我不帮你，
　　_____ 没有时间去做。
　　　　(A) 所以
　　　　(B) 而且
　　　　(C) 而是
　　　　(D) 可是

23. ㄅㄨˊ ㄕˋ ㄨㄛˇ ㄅㄨˋ ㄅㄤ ㄋㄧˇ，
　　_____ ㄇㄟˊ ㄧㄡˇ ㄕˊ ㄐㄧㄢ ㄑㄩˋ ㄗㄨㄛˋ。
　　　　(A) ㄙㄨㄛˇ ㄧˇ
　　　　(B) ㄦˊ ㄑㄧㄝˇ
　　　　(C) ㄦˊ ㄕˋ
　　　　(D) ㄎㄜˇ ㄕˋ

23. bú shì wǒ bù bāng nǐ
　　_____ méi yǒu shí jiān qù zuò
　　　　(A) suǒ yǐ
　　　　(B) ér qiě
　　　　(C) ér shì
　　　　(D) kě shì

24. 我寫了一 _____ 文章
寄到報社投稿。
   (A) 首
   (B) 篇
   (C) 個
   (D) 幅

24. ㄨㄛˇ ㄒㄧㄝˇ ㄌㄜ˙ 一 _____ ㄨㄣˊ ㄓㄤ
ㄐㄧˋ ㄉㄠˋ ㄅㄠˋ ㄕㄜˋ ㄊㄡˊ ㄍㄠˇ。
   (A) ㄕㄡˇ
   (B) ㄆㄧㄢ
   (C) ㄍㄜ˙
   (D) ㄈㄨˊ

24. 我写了一 _____ 文章
寄到报社投稿。
   (A) 首
   (B) 篇
   (C) 个
   (D) 幅

24. wǒ xiě le yì _____ wén zhāng
jì dào bào shè tóu gǎo
   (A) shǒu
   (B) piān
   (C) ge
   (D) fú

25. 他剛 _____ 看電影了，
兩小時後會回來。
   (A) 就去
   (B) 進來
   (C) 過來
   (D) 出去

25. ㄊㄚ ㄍㄤ _____ ㄎㄢˋ ㄧㄥˇ ㄌㄜ˙，
ㄌㄧㄤˇ ㄒㄧㄠˇ ㄕˊ ㄏㄡˋ ㄏㄨㄟˋ ㄏㄨㄟˊ ㄌㄞˊ。
   (A) ㄐㄧㄡˋ ㄑㄩˋ
   (B) ㄐㄧㄣˋ ㄌㄞˊ
   (C) ㄍㄨㄛˋ ㄌㄞˊ
   (D) ㄔㄨ ㄑㄩˋ

25. 他刚 _____ 看电影了，
两小时后会回来。
   (A) 就去
   (B) 进来
   (C) 过来
   (D) 出去

25. tā gāng _____ kàn diàn yǐng le
liǎng xiǎo shí hòu huì huí lái
   (A) jìu qù
   (B) jìn lái
   (C) guò qù
   (D) chū qù

SAT II 中文模擬試題（第一套）
Section III: Reading Comprehension

Directions: Read the following selections carefully for comprehension. Each selection is followed by one or more questions or incomplete statements based on its content. Select the answer or completion that is best according to the passage and fill in the corresponding oval on the answer sheet.
THE SECTION OF THE TEST IS PRESENTED IN TWO WRITING SYSTEMS: TRADITIONAL CHARACTERS AND SIMPLIFIED CHARACTERS. IT IS RECOMMENDED THAT YOU CHOOSE <u>ONLY</u> THAT WRITING SYSTEM WITH WHICH YOU ARE MOST FAMILIAR AS YOU WORK THROUGH THIS SECTION OF THE TEST.

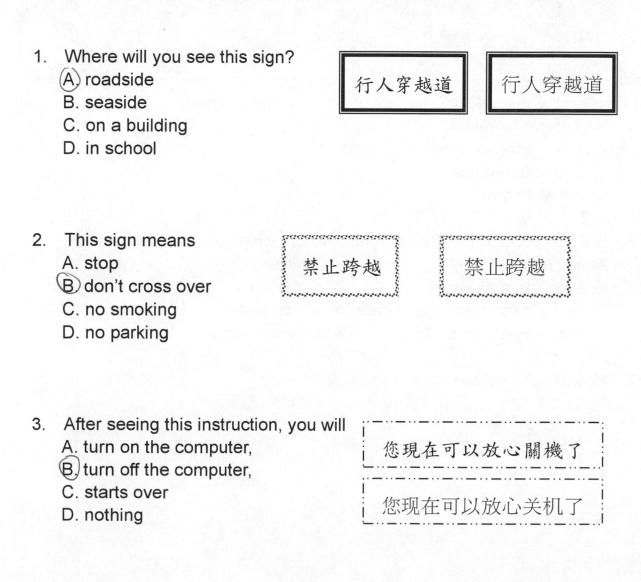

1. Where will you see this sign?
    A. roadside
    B. seaside
    C. on a building
    D. in school

    行人穿越道   行人穿越道

2. This sign means
    A. stop
    B. don't cross over
    C. no smoking
    D. no parking

    禁止跨越   禁止跨越

3. After seeing this instruction, you will
    A. turn on the computer,
    B. turn off the computer,
    C. starts over
    D. nothing

    您現在可以放心關機了

    您现在可以放心关机了

4. This describes
   A. an artist
   B. an engineer
   C. a writer
   D. a teacher

目前從事寫作，除了散文外，她十分擅長科技報導

目前从事写作，除了散文外，她十分擅长科技报导

5 ~ 7

我們將不定期寄給您最新出版訊息、優惠通知及活動訊息，但是要先麻煩您詳細填寫本服務卡並寄回本公司
(免貼郵票)

我们将不定期寄给您最新出版讯息、优惠通知及活动讯息，但是要先麻烦您详细填写本服务卡并寄回本公司
(免贴邮票)

5. Which of the following will not be sent by this company?
   A. publication news
   B. event announcement
   C. promotion notice
   D. travel itinerary

6. Before getting the company's information, what you should do first?
   A. call the company
   B. send them an email
   C. fill out a form and mail it back to the company
   D. make a deposit and mail it back to the company

7. How much postage do you need?
   A. $1.00
   B. none
   C. $0.37
   D. $2.00

#8

您希望以何種方式購書？
1. 逛書店　　2. 電話訂購
3. 傳真訂購　4. 銷售人員推薦

您希望以何种方式购书？
1. 逛书店　　2. 电话订购
3. 传真订购　4. 销售人员推荐

8. Which of the following is not among the options available to buy books?
   A. On line
   B. go to bookstore
   C. fax order
   D. through salesman

#9~11

玉山科技協會隆重推出第十五屆年會「玉山之夜」（歡迎參加，請速購票）
主持人： David Louie,
　　　　ABC 新聞台科技記者
5:00-6:00　酒會
6:00-7:00　晚宴
7:00-8:00　會務交接
8:00-9:00　演講
9:00:10:00　娛樂節目

玉山科技协会隆重推出第十五届年会晚上「玉山之夜」(欢迎参加，请速购票)
主持人： David Louie,
　　　　ABC 新闻台科技记者
5:00-6:00　酒会
6:00-7:00　晚宴
7:00-8:00　会务交接
8:00-9:00　演讲
9:00:10:00　娱乐节目

9. Which organization is having this event?
   A. A charity organization
   B. a science and engineering association
   C. a church organization
   D. a school organization

10. What is the profession of the host David Louie?
   A. a chairperson from a company
   B. a news reporter
   C. a local councilman
   D. a school principal

11. When does dinner take place?
   A. 8-9 pm
   B. 6-7pm
   C. 7-8pm
   D. 9-10pm

12

免月費，免費手機，免開台費

免月费，免费手机，免开台费

12. This could be an ad for which product?
   A. satellite TV
   B. cell phone program
   C. summer camp
   D. broadband

13. This is best for promoting which category?
   A. a cook book on healthy eating
   B. a cook book on Asian food
   C. a cook book on vegetarian food
   D. a cook book on easy-made food

倡導美食文化，
人人吃出健康

倡导美食文化，
人人吃出健康

14 ~ 16

大中：　　媽媽去看醫生，大約下午四點三刻回來。冰箱有點心，自己弄來吃。吃完後先做功課，再彈鋼琴。

大中：　　妈妈去看医生，大约下午四点三刻回来。冰箱有点心，自己弄来吃。吃完后先做功课，再弹钢琴。

14. Where did Mom go?
   A. supermarket
   B. school
   C. doctor's office
   D. friend's house

15. When he finished his homework, he needed to
    A. play the violin
    B. play the piano
    C. have a snack
    D. go to the doctor's office

16. Mom will be home around
    A. 4:15pm
    B. 4:30pm
    C. 4:13pm
    D. 4:45pm

17. What does this sign mean?
    A. No parking
    B. No fishing
    C. Do not enter
    D. Free entrance

施工中，閒人勿進

施工中，闲人勿进

18. What does this sign mean?
    A. swimming is not allowed
    B. swimming is permitted
    C. swimming is free
    D. swimming is fun

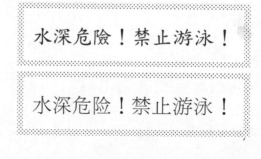

水深危险！禁止游泳！

水深危险！禁止游泳！

19. What does this sign mean?
    A. It's not mine
    B. It's not for sale
    C. It is sold
    (D.) it is on sale

非賣品

非卖品

20. How often is this magazine published?
    A. quarterly
    B. monthly
    (C.) biweekly
    D. weekly

僑教雙週刊

侨教双周刊

21. This advertiser wants to
    A. sell a boat
    (B.) sell a house
    C. sell a car
    D. rent a hose

吉屋出售

吉屋出售

22 ~ 23

開會通知
討論社區停車場重建工程
時間：十一月一日下午三點
地點：社區活動中心

开会通知
讨论社区停车场重建工程
时间: 十一月一日下午三点
地点: 社区活动中心

22. Where is the location of the meeting?
    A. conference room
    (B.) activity center
    C. auditorium
    D. cafeteria

23. What is the purpose of the meeting?
    A. rebuild the parking lot
    B. close the parking lot
    C. build a new activity center
    D. how to build a community

24. What does this sign say?
    A. road closed
    B) detour
    C. one way street
    D. go forward

道路施工，請改道！　　道路施工，请改道！

\# 25

本店只收現金恕不接
受私人支票及信用卡

本店只收现金恕不接
受私人支票及信用卡

25. What does this sign mean?
    A. the store only accepts credit cards
    B) the store only accepts cash
    C. the store only accepts cash and checks
    D. the store only accepts checks

26. This advertisement is for
    A. an oil painting class
    B. a pottery class
    C. a sculpture class
    D. a Chinese painting class

大地陶藝教室
招生中
請洽:925-123-8234

大地陶艺教室
招生中
请洽: 925-123-8234

27

好味道香腸
電話總機: 1-800-345-3321
傳真號碼: 1-800-345-1233
服務專線: 1-800-345-1234
訂貨專線: 1-800-345-4321

好味道香肠
电话总机: 1-800-345-3321
传真号码: 1-800-345-1233
服务专线: 1-800-345-1234
订货专线: 1-800-345-4321

27. Which number is for customer service?
 A. 1-800-345-4321
 B. 1-800-345-1233
 C. 1-800-345-3321
 D. 1-800-345-1234

28 ~ 29

結束營業大拍賣
女鞋全面三折
男鞋全面六折

结束营业大拍卖
女鞋全面三折
男鞋全面六折

28. What is the discount offered on women's shoes during this sale?
 A. 30% off
 B. 70% off
 C. 40% off
 D. 60% off

29. What is this advertisement for
 A. Out of business sales
 B. Holiday sales
 C. Grand opening sales
 D. Spring sales

遺失物處理中心

服務電話：(02)2389-4710
服務時間：　星期一至星期五(例假日除外)
　　　　　　中午 12:00 - 晚上 08:00
服務地點：　台北車站地下三樓，1 號詢問處旁

遗失物处理中心

服务电话: (02)2389-4710
服务时间: 星期一至星期五(例假日除外)
　　　　　　中午 12:00 - 晚上 08:00
服务地点: 台北车站地下三楼，1 号询问处旁

30. Where would you most likely find this sign?
　　A. baggage claim area
　　B. ticket office
　　C. computer center
　　D. lost and found

SAT II 中文模擬試題（第二套）
Section I：Listening Comprehension

Listening Part A

Directions: In this part of the test you will hear short questions, statements, or exchanges in Mandarin Chinese, followed by three responses designated (A), (B) and (C). You will hear the statements or questions, and responses, only once and they are not printed in your test booklet; therefore, you must listen very carefully. Select the best response and fill in the corresponding oval on your answer sheet. You will have 15 seconds to answer each question.

Question 1   〈A〉   〈B〉   〈C〉

Question 2   〈A〉   〈B〉   〈C〉

Question 3   〈A〉   〈B〉   〈C〉

Question 4   〈A〉   〈B〉   〈C〉

Question 5   〈A〉   〈B〉   〈C〉

Question 6   〈A〉   〈B〉   〈C〉

Question 7   〈A〉   〈B〉   〈C〉

Question 8   〈A〉   〈B〉   〈C〉

Question 9   〈A〉   〈B〉   〈C〉

Question 10   〈A〉   〈B〉   〈C〉

Question 11   〈A〉   〈B〉   〈C〉

Question 12   〈A〉   〈B〉   〈C〉

Question 13   〈A〉   〈B〉   〈C〉

Question 14   〈A〉   〈B〉   〈C〉

Question 15   〈A〉   〈B〉   〈C〉

Listening Part B

Directions: You will now hear a series of short selections. You will hear them <u>only once</u> and they are not printed in your test booklet. After each selection, you will be asked one or more questions about what you have just heard. These questions, with four possible answers, are printed in your test booklet. Select the best answer to each question from the four choices given and fill in the corresponding oval on your answer sheet. You will have 15 seconds to answer each question.

Question 16
The man
A. hasn't decided to move off campus yet.
B. has made up his mind to move out next semester.
C. has been quite familiar with the school environment.
D. agrees that living off campus will not do him any good.

Question 17
What is he trying to point out?
A. He would have moved out if his parents allowed him to do so.
B. He would rather choose freedom over saving money from living at home.
C. His parents are mad with his behavior.
D. He wants to save more money on food and rent.

Question 18
Her mother is now
A. an engineer.
B. a baby-sitter.
C. a retired teacher.
D. a full-time homemaker.

Question 19
What does he ask her to do?
A. to borrow a new dictionary from the library
B. to help him return the dictionary to the library
C. to ask the librarian if he can borrow the dictionary
D. to renew the dictionary so that he can borrow it from her

Question 20
Where does this conversation occur?
A. in a bookstore
B. in a Chinese restaurant
C. in a student's dorm
D. on a camping site

Question 21
What kind of fruit did he buy?
A. Orange
B. Watermelon
C. Apple
D. Banana

Question 22
Where does this man want to go?
A. Police Station
B. Train Station
C. Home
D. School

Question 23
Where are they?
A. China
B. England
C. Airport
D. Police station

Question 24
Did the woman have her reservation for March 5th?
A. Yes.
B. No.
C. Not sure.
D. She didn't want a reservation.

Question 25
Why isn't this man going to take his family for a vacation now?
A. He is very busy.
B. He doesn't like the place.
C. He didn't know where the place is.
D. He couldn't get the tickets.

Question 26
What place did she go to in Florida?
A. Universal Studios
B. Miami Beach
C. Golf Course
D. Kennedy Space Center

Question 27
A. He got a ticket for his seatbelt not being fastened.
B. He didn't pass the road test.
C. He got a ticket for speeding.
D. He got to school late.

Question 28
A. He plans to go to Japan.
B. He plans to go to Taiwan.
C. He plans to go to Canada.
D. He plans to go to China.

Question 29
A. They are talking about sports.
B. Lee Ann is the best Director for an Oscar Award.
C. They didn't like the movie which they saw last night.
D. Lee Ann is an actor.

Question 30
The gas price
A. is very cheap
B. always stays at the same price
C. goes up every day
D. goes down every day

Listening Part A

Directions: In this part of the test you will hear short questions, statements, or exchanges in Mandarin Chinese, followed by three responses designated (A), (B) and (C). You will hear the statements or questions, and responses, only once and they are not printed in your test booklet; therefore, you must listen very carefully. Select the best response and fill in the corresponding oval on your answer sheet. You will have 15 seconds to answer each question.

Question 1
你今天晚上想去圖書館看書，還是來我家看錄像？
A. 那就要看我明天晚上有沒有空了。
B. 那就要看這個週末天氣怎麼樣了。
C. 那就要看我今天晚上有沒有時間了。

Question 2
小明習慣每天睡覺以前洗澡。
A. 難怪他的身體不好。
B. 我是每天睡醒以後才洗澡。
C. 他該去看醫生了。

Question 3
你在高中修過什麼外語課？
A. 除了日文課以外，我還修過法文課。
B. 日文比中文難多了。
C. 我學中文已經學了兩個學期了。

Question 4
她最近總是吃不下飯。
A. 她是不是哪裡不舒服？
B. 她胖了嗎？
C. 她到底吃飽了沒有？

Question 5
今天天氣不錯，下午我們出去打打球怎麼樣？
A. 我聽天氣預報說明天會下雨。
B. 今天下午我已經跟王老師約了時間了。
C. 我不是跟你們去就是跟他們去。

Question 6

你少找了我五毛錢。

A. 這條褲子不只五毛錢。

B. 沒關係，歡迎你下次再來。

C. 對不起，這是你的零錢。

Question 7

喂，請問李新文在嗎？我是張大中。

A. 這就是我。你是誰啊？

B. 我就是。請問您找誰？

C. 我就是。大中，你好。好久不見了！

Question 8

「斷背山」（Brokeback Mountain）這部電影你看過沒有？

A. 我打算下個週末和朋友一起去看。

B. 我還沒看過，所以想再看一遍。

C. 那部電影好看是好看，就是電影院的人太多了。

Question 9

他對學校的環境不如你來得熟悉。

A. 因為他比我早來三個月。

B. 因為我們租的房子就在學校附近。

C. 因為我是老生，他是新生。

Question 10

今天是星期幾？

A. 今天天氣很好。

B. 今天是星期三。

C. 今天我要去上學。

Question 11

這個暑假你打工賺了多少錢？

A. 我在百貨公司打工。

B. 我賺了二千三百元。

C. 我去洗車子。

Question 12
請問你要喝甚麼?

A. 我要一件衣服,謝謝。

B. 我要一粒橘子,謝謝。

C. 我要一杯白水,謝謝。

Question 13
最近我的媽媽決定辭去大學的工作專心帶孩子。

A. 我的媽媽不上大學了。

B. 雖然收入減少,但是帶孩子比較有樂趣。

C. 今年的大學錄取率比較低。

Question 14
你看過中國芭蕾舞團在美國的演出嗎?

A. 去年在柏克萊有一場,棒極了!

B. 我喜歡跳芭蕾。

C. 中國國粹藝術和芭蕾傳統結合。

Question 15
你弟弟的網球比賽結果如何?

A. 我妹妹的老師也打網球。

B. 克萊絲是賽前最看好的女將。

C. 他表現良好,已經進入決賽了。

Listening Part B

Directions: You will now hear a series of short selections. You will hear them <u>only once</u> and they are not printed in your test booklet. After each selection, you will be asked one or more questions about what you have just heard. These questions, with four possible answers, are printed in your test booklet. Select the best answer to each question from the four choices given and fill in the corresponding oval on your answer sheet. You will have 15 seconds to answer each question.

Question 16
男：學校宿舍太吵，下學期我想搬到校外去住。
女：對我來說，住校外不見得有好處。
男：你有什麼建議嗎？
女：你剛來，應該住在校內，適應一下學校生活。

Question 17
女：能像你這樣每天都住在家裏真讓人羨慕！
男：可是我父母管得很嚴，想去哪兒都不自由。
女：別挑剔了，你能省下飯錢跟房租就很不錯了。

Question 18
男：你爸爸是做什麼的？
女：他在政府單位上班，是位工程師。
男：那你媽媽呢？。
女：她原來是老師，後來她生了我弟弟以後就把工作辭掉了。

Question 19
男：我想跟你借這本英漢字典，可以嗎？
女：這本字典今天到期，下午五點以前我得去圖書館還書。
男：這本字典可以續借嗎？
女：我可以問問看。你要我續借多久？

Question 20
男：你喜歡喝酸辣湯嗎？
女：我比較喜歡喝味道清淡一點的。
男：好，那我們就來一碗青菜豆腐湯和一盤涼拌素雞肉，怎麼樣？

Question 21
客人:西瓜一斤多少錢?
老板:西瓜一斤三元,蘋果一斤一元。
客人:請給我三斤蘋果。

Question 22
男人:請問火車站怎麼走?
女人:沿著這條路一直走,到第三個紅綠燈,向右轉就到了 。
男人:謝謝妳。

Question 23
女:嗨!好久不見,你要去哪?
男:我要去中國,妳呢?
女:我要去英國,你在幾號門登機?
男:二十六號。

Question 24
女:我要訂房間。
男:請問妳需要那一天的房間?
女:我需要三月五日的單人房。
男:抱歉,我們全都客滿了。

Question 25
女:你知道香港有一間新的迪斯奈樂園嗎?
男:知道呀!聽說很棒。
女:你會帶全家去玩嗎?
男:會,但是不是現在,因為最近很忙。

Question 26
男:你去佛羅里達玩過嗎?
女:佛羅里達有很多好玩的地方,我去過迪斯奈世界、海洋中心、未來世界和甘
   乃迪太空中心。

Question 27
男:昨天我又拿了一張罰單。
女:為什麼呢?
男:在學校旁邊我一不小心開了 40 哩。
女:下次要小心一點才好。

Question 28
男:我想訂三月十五去北京的機票,請問有什麼特價嗎?
女:請稍後,我幫你查一下。對了!中國民航今天有特價,你要試試看嗎?
男:好啊,那就請你幫我訂兩張從舊金山到北京的來回機票。
女:沒問題,我已經幫你劃好位子,請在起飛前十天來我們公司拿票。

Question 29
男:你看了昨天的電視嗎?
女:什麼時候? 哪一台?
男:就是華人導演李安嘛!
女:我當然知道,他得了奧斯卡最佳導演嘛! 真是太棒了!

Question 30
男:最近汽油價錢每天都不一樣。
女:是呀! 漲價漲得好可怕!
男:看來我們只好少出門旅行了。
女:乾脆走路上班好了!

SAT II 中文模擬試題（第二套）
Section II：Grammar

Directions: This section consists of a number of incomplete statements, each of which has four suggested completions. Select the word or phrase that best completes the sentence structurally and logically. Please fill in the corresponding oval on the answer sheet.

THE QUESTIONS ARE PRESENTED IN FOUR DIFFERENT WRITING SYSTEMS: TRADITIONAL CHARACTERS, SIMPLIFIED CHARACTERS, PINYIN ROMANIZATION, AND CHINESE PHONETIC ALPHABET (BO PO MO FO). TO SAVE TIME, IT IS RECOMMENDED THAT YOU CHOOSE THE WRITING SYSTEM WHICH YOU ARE MOST FAMILIAR WITH AND **ONLY READ THAT VERSION OF THE QUESTION.**

1. 你 ____ 來一趟北京，
就多住幾天吧。
   - A. 難過
   - B. 難得
   - C. 難免
   - D. 難為

1. 你 ____ 来一趟北京，
就多住几天吧。
   - A. 难过
   - B. 难得
   - C. 难免
   - D. 难为

1. ㄋㄧˇ ____ ㄌㄞˊ ㄧ ㄊㄤˋ ㄅㄟˇ ㄐㄧㄥ，
ㄐㄧㄡˋ ㄉㄨㄛ ㄓㄨˋ ㄐㄧˇ ㄊㄧㄢ ㄅㄚ。
   - A. ㄋㄢˊ ㄍㄨㄛˋ
   - B. ㄋㄢˊ ㄉㄜˊ
   - C. ㄋㄢˊ ㄇㄧㄢˇ
   - D. ㄋㄢˊ ㄨㄟˊ

1. Nǐ____lái yí tàng Běijīng,
jiù duō zhù jǐtiān ba。
   - A. nánguò
   - B. nándé
   - C. nánmiǎn
   - D. nánwéi

....

2. 不知道為什麼他 ____ 覺得
同學對他不好。
   - A. 總之
   - B. 總得
   - C. 總是
   - D. 總算

2. 不知道为什么他 ____ 觉得
同学对他不好。
   - A. 总之
   - B. 总得
   - C. 总是
   - D. 总算

2. ㄅㄨˋ ㄓ ㄉㄠˋ ㄨㄟˋ ㄕㄜˊ ㄇㄜ ㄊㄚ ____ ㄐㄩㄝˊ ㄉㄜ
ㄊㄨㄥˊ ㄒㄩㄝˊ ㄉㄨㄟˋ ㄊㄚ ㄅㄨˋ ㄏㄠˇ。
   - A. ㄗㄨㄥˇ ㄓ
   - B. ㄗㄨㄥˇ ㄉㄜˇ
   - C. ㄗㄨㄥˇ ㄕˋ
   - D. ㄗㄨㄥˇ ㄙㄨㄢˋ

2. Bù zhīdào wèi shénme tā____juéde
tóngxué duì tā bùhǎo。
   - A. zǒngzhī
   - B. zǒngděi
   - C. zǒngshì
   - D. zǒngsuàn

3. 這件事發生得太 _____ ，大家都
   手忙腳亂，不知該怎麼辦才好。
   - A. 忽然
   - B. 固然
   - C. 突然
   - D. 偶然

3. ㄓㄜˋ ㄐㄧㄢˋ ㄕˋ ㄈㄚ ㄕㄥ ㄉㄜˊ ㄊㄞˋ _____ ，ㄉㄚˋ ㄐㄧㄚ ㄉㄡ
   ㄕㄡˇ ㄇㄤˊ ㄐㄧㄠˇ ㄌㄨㄢˋ，ㄅㄨˋ ㄓ ㄍㄞ ㄗㄣˇ ㄇㄜ ㄅㄢˋ ㄘㄞˊ ㄏㄠˇ。
   - A. ㄏㄨ ㄖㄢˊ
   - B. ㄍㄨˋ ㄖㄢˊ
   - C. ㄊㄨˊ ㄖㄢˊ
   - D. ㄡˇ ㄖㄢˊ

3. 这件事发生得太 _____ ，大家都
   手忙脚乱，不知该怎么办才好。
   - A. 忽然
   - B. 固然
   - C. 突然
   - D. 偶然

3. Zhè jiàn shì fāshēngde tài_____, dàjiā dōu
   shǒumángjiǎoluàn, bù zhī gāi zěnme bàn
   cáihǎo。
   - A.　hūrán
   - B.　gùrán
   - C.　túrán
   - D.　ǒurán

....

4. _____ 已經很晚了_____明天
   要交的報告一定要打完。
   - A. 雖然…但是
   - B. 無論…也要
   - C. 儘管…也要
   - D. 既然…也是

4. _____ ㄧˇ ㄐㄧㄥ ㄏㄣˇ ㄨㄢˇ ㄌㄜ _____ ㄇㄧㄥˊ ㄊㄧㄢ
   ㄧㄠˋ ㄐㄧㄠ ㄉㄜ ㄅㄠˋ ㄍㄠˋ ㄧˊ ㄉㄧㄥˋ ㄧㄠˋ ㄉㄚˇ ㄨㄢˊ。
   - A. ㄙㄨㄟ ㄖㄢˊ … ㄉㄢˋ ㄕˋ
   - B. ㄨˊ ㄌㄨㄣˋ … ㄧㄝˇ ㄧㄠˋ
   - C. ㄐㄧㄣˇ ㄍㄨㄢˇ … ㄧㄝˇ ㄧㄠˋ
   - D. ㄐㄧˋ ㄖㄢˊ … ㄧㄝˇ ㄕˋ

4. _____ 已经很晚了_____明天
   要交的报告一定要打完。
   - A. 虽然…但是
   - B. 无论…也要
   - C. 尽管…也要
   - D. 既然…也是

4. _____ yǐjīng hěn wǎnle_____míngtiān
   yào jiāo de bàogào yí dìng yào dǎ wán。
   - A.　suīrán……dànshì
   - B.　wúlùn……yéyào
   - C.　jǐguǎn……yěyào
   - D.　jìrán……yěshì

....

5. _____在這裡排隊等座位，
   還_____去速食店買便當好了。
   - A. 即使…也要
   - B. 與其…不如
   - C. 雖然…但是
   - D. 寧可…也要

5. _____ ㄗㄞˋ ㄓㄜˋ ㄌㄧˇ ㄆㄞˊ ㄉㄨㄟˋ ㄉㄥˇ ㄗㄨㄛˋ ㄨㄟˋ，
   ㄏㄞˊ _____ ㄑㄩˋ ㄙㄨˋ ㄕˊ ㄉㄧㄢˋ ㄇㄞˇ ㄅㄧㄢˋ ㄉㄤ ㄏㄠˇ ㄌㄜ。
   - A. ㄐㄧˊ ㄕˇ … ㄧㄝˇ ㄧㄠˋ
   - B. ㄩˇ ㄑㄧˊ … ㄅㄨˋ ㄖㄨˊ
   - C. ㄙㄨㄟ ㄖㄢˊ … ㄉㄢˋ ㄕˋ
   - D. ㄋㄧㄥˊ ㄎㄜˇ … ㄧㄝˇ ㄧㄠˋ

5. _____在这里排队等座位，
   还_____去速食店买便当好了。
   - A. 即使…也要
   - B. 与其…不如
   - C. 虽然…但是
   - D. 宁可…也要

5. _____ zài zhèli páiduì děng zuòwèi,
   hái _____qù sùshídiàn mǎi biàndāng hǎole。
   - A.　jíshǐ……yěyào
   - B.　yǔqí……bùrú
   - C.　suīrán……dànshì
   - D.　níngkě……yěyào

6. ____你把欠的錢還掉，
____我是不會借錢給你的。
    A. 即使…也
    B. 除非…否則
    C. 如果…不然
    D. 既然…就

6. ____ ㄋㄧˇ ㄅㄚˇ ㄑㄧㄢˋ ㄉㄜ˙ ㄑㄧㄢˊ ㄏㄨㄢˊ ㄉㄧㄠˋ，
____ ㄨㄛˇ ㄕˋ ㄅㄨˊ ㄏㄨㄟˋ ㄐㄧㄝˋ ㄑㄧㄢˊ ㄍㄟˇ ㄋㄧˇ ㄉㄜ˙。
    A. ㄐㄧˊ ㄕˇ … ㄧㄝˇ
    B. ㄔㄨˊ ㄈㄟ … ㄈㄡˇ ㄗㄜˊ
    C. ㄖㄨˊ ㄍㄨㄛˇ … ㄅㄨˋ ㄖㄢˊ
    D. ㄐㄧˋ ㄖㄢˊ … ㄐㄧㄡˋ

6. ____你把欠的钱还掉，
____我是不会借钱给你的。
    A. 即使…也
    B. 除非…否则
    C. 如果…不然
    D. 既然…就

6. ____ nǐ bǎ qiàn de qián huán diào，
____ wǒ shì búhuì jièqián gěi nǐ de。
    A. jíshǐ……yě
    B. chúfē……fǒuzé
    C. rúguǒ……bùrán
    D. jìrán……jiù

....

7. 等他醒____的時候，
已經睡過了好幾站了。
    A. 過去
    B. 起來
    C. 過來
    D. 不來

7. ㄉㄥˇ ㄊㄚ ㄒㄧㄥˇ ____ ㄉㄜ˙ ㄕˊ ㄏㄡˋ，
ㄧˇ ㄐㄧㄥ ㄕㄨㄟˋ ㄍㄨㄛˋ ㄌㄜ˙ ㄏㄠˇ ㄐㄧˇ ㄓㄢˋ ㄌㄜ˙。
    A. ㄍㄨㄛˋ ㄑㄩˋ
    B. ㄑㄧˇ ㄌㄞˊ
    C. ㄍㄨㄛˋ ㄌㄞˊ
    D. ㄅㄨˋ ㄌㄞˊ

7. 等他醒____的时候，
已经睡过了好几站了。
    A. 过去
    B. 起来
    C. 过来
    D. 不来

7. Děng tā xǐng ____ de shíhòu，
yǐjīng shuì guò le hǎo jǐ zhàn le。
    A. guòqù
    B. qǐlái
    C. guòlái
    D. bùlái

....

8. 早上起得太晚，我上學____了。
    A. 遲到就差一點
    B. 差一點遲到就
    C. 差就一點遲到
    D. 差一點就遲到

8. ㄗㄠˇ ㄕㄤˋ ㄑㄧˇ ㄉㄜ˙ ㄊㄞˋ ㄨㄢˇ，ㄨㄛˇ ㄕㄤˋ ㄒㄩㄝˊ ____ ㄌㄜ˙。
    A. ㄔˊ ㄉㄠˋ ㄐㄧㄡˋ ㄔㄚ ㄧ ㄉㄧㄢˇ
    B. ㄔㄚ ㄧ ㄉㄧㄢˇ ㄔˊ ㄉㄠˋ ㄐㄧㄡˋ
    C. ㄔㄚ ㄐㄧㄡˋ ㄧ ㄉㄧㄢˇ ㄔˊ ㄉㄠˋ
    D. ㄔㄚ ㄧ ㄉㄧㄢˇ ㄐㄧㄡˋ ㄔˊ ㄉㄠˋ

8. 早上起得太晚，我上学____了。
    A. 迟到就差一点
    B. 差一点迟到就
    C. 差就一点迟到
    D. 差一点就迟到

8. Zǎoshàng qǐ de tài wǎn，wǒ shàngxué
____ le。
    A. chídào jiù chā yìdiǎn
    B. chā yìdiǎn chídào jiù
    C. chā jiù yidiǎn chídào
    D. chā yìdiǎn jiù chídào

9. ＿＿＿他怎麼解釋
　　＿＿＿沒有人相信他。
　　　A. 既然…也
　　　B. 不但…也
　　　C. 無論…都
　　　D. 要是…也

9. ＿＿＿ㄊㄚ ㄗㄣˇ ㄇㄜ˙ ㄐㄧㄝˇ ㄕˋ
　　＿＿＿ㄇㄟˊ ㄧㄡˇ ㄖㄣˊ ㄒㄧㄤ ㄒㄧㄣˋ ㄊㄚ。
　　　A. ㄐㄧˋ ㄖㄢˊ…ㄧㄝˇ
　　　B. ㄅㄨˊ ㄉㄢˋ…ㄧㄝˇ
　　　C. ㄨˊ ㄌㄨㄣˋ…ㄉㄡ
　　　D. ㄧㄠˋ ㄕˋ…ㄧㄝˇ

9. ＿＿＿他怎么解释
　　＿＿＿没有人相信他。
　　　A. 既然…也
　　　B. 不但…也
　　　C. 无论…都
　　　D. 要是…也

9. ＿＿＿＿＿tā zěnme jiěshì
　　＿＿＿＿＿méiyǒu rén xiāngxìn tā。
　　　A. jìrán……yě
　　　B. búdàn……yě
　　　C. wúlùn……dōu
　　　D. yàoshì……yě

....

10. 我很喜歡上海，
　　打算在那兒＿＿＿住下去。
　　　A. 一向
　　　B. 一直
　　　C. 一定
　　　D. 直到

10. ㄨㄛˇ ㄏㄣˇ ㄒㄧˇ ㄏㄨㄢ ㄕㄤˋ ㄏㄞˇ，
　　ㄉㄚˇ ㄙㄨㄢˋ ㄗㄞˋ ㄋㄚˋ ㄦ ＿＿＿ ㄓㄨˋ ㄒㄧㄚˋ ㄑㄩˋ。
　　　A. ㄧ ㄒㄧㄤˋ
　　　B. ㄧ ㄓˊ
　　　C. ㄧ ㄉㄧㄥˋ
　　　D. ㄓˊ ㄉㄠˋ

10. 我很喜欢上海，
　　打算在那儿＿＿＿住下去。
　　　A. 一向
　　　B. 一直
　　　C. 一定
　　　D. 直到

10. Wǒ hěn xǐhuān Shànghǎi，dǎsuàn
　　zài nàr＿＿＿ zhù xià qù。
　　　A. yíxiàng
　　　B. yìzhí
　　　C. yídìng
　　　D. zhídào

....

11. 請你告訴我，
　　去銀行該＿＿＿哪兒走？
　　　A. 自
　　　B. 往
　　　C. 進
　　　D. 對

11. ㄑㄧㄥˇ ㄋㄧˇ ㄍㄠˋ ㄙㄨˋ ㄨㄛˇ，
　　ㄑㄩˋ ㄧㄣˊ ㄏㄤˊ ㄍㄞ ＿＿＿ ㄋㄚˇ ㄦ ㄗㄡˇ？
　　　A. ㄗˋ
　　　B. ㄨㄤˇ
　　　C. ㄐㄧㄣˋ
　　　D. ㄉㄨㄟˋ

11. 请你告诉我，
　　去银行该＿＿＿哪儿走？
　　　A. 自
　　　B. 往
　　　C. 进
　　　D. 对

11. Qǐng nǐ gàosù wǒ，
　　qù yínháng gāi ＿＿＿ nǎr zǒu？
　　　A. zì
　　　B. wǎng
　　　C. jìn
　　　D. duì

12. 他剛剛到我們學校時，
____一個朋友____ 沒有。
- A. 連…就
- B. 連…也
- C. 不但…而且
- D. 即使…也

12. ㄊㄚ ㄍㄤ ㄍㄤ ㄉㄠ ㄨㄛ ㄇㄣ ㄒㄩㄝ ㄒㄧㄠ ㄕˊ，
____ ㄧˊㄍㄜ ㄆㄥˊㄧㄡˇ ____ ㄇㄟˊ ㄧㄡˇ。
- A. ㄌㄧㄢˊ … ㄐㄧㄡˋ
- B. ㄌㄧㄢˊ … ㄧㄝˇ
- C. ㄅㄨˋㄉㄢˋ … ㄦˊㄑㄧㄝˇ
- D. ㄐㄧˊㄕˇ … ㄧㄝˇ

12. 他刚刚到我们学校时，
____一个朋友____ 没有。
- A. 连…就
- B. 连…也
- C. 不但…而且
- D. 即使…也

12. Tā gānggāng dào wǒmen xuéxiào shí,
____ yíge péngyǒu____méiyǒu。
- A. lián……jiù
- B. lián……yě
- C. búdàn……érqiě
- D. jíshǐ……yě

....

13. 這次行程匆匆，只能在
台北____三天就要回美了。
- A. 停止
- B. 停住
- C. 停留
- D. 停下

13. ㄓㄜˋㄘˋ ㄒㄧㄥˊㄔㄥˊ ㄘㄨㄥ ㄘㄨㄥ，ㄓˇ ㄋㄥˊ ㄗㄞˋ
ㄊㄞˊ ㄅㄟˇ ____ ㄙㄢ ㄊㄧㄢ ㄐㄧㄡˋ ㄧㄠˋ ㄏㄨㄟˊ ㄇㄟˇ ㄌㄜ。
- A. ㄊㄧㄥˊ ㄓˇ
- B. ㄊㄧㄥˊ ㄓㄨˋ
- C. ㄊㄧㄥˊ ㄌㄧㄡˊ
- D. ㄊㄧㄥˊ ㄒㄧㄚˋ

13. 这次行程匆匆，只能在
台北____三天就要回美了。
- A. 停止
- B. 停住
- C. 停留
- D. 停下

13. Zhècì xíngchéng cōngcōng, zhǐnéng zài
Táiběi ____ sāntiān jiùyào huí Měi le。
- A. tíngzhǐ
- B. tíngzhù
- C. tíngliú
- D. tíngxià

....

14. 他們跑得很快，
一會兒 ____ 到了。
- A. 沒
- B. 可
- C. 就
- D. 來

14. ㄊㄚ ㄇㄣ ㄆㄠˇ ㄉㄜ ㄏㄣˇ ㄎㄨㄞˋ，
ㄧ ㄏㄨㄟˋㄦ ____ ㄉㄠˋ ㄌㄜ。
- A. ㄇㄟˊ
- B. ㄎㄜˇ
- C. ㄐㄧㄡˋ
- D. ㄌㄞˊ

14. 他们跑得很快，
一会儿 ____ 到了。
- A. 没
- B. 可
- C. 就
- D. 来

14. Tāmen pǎode hěn kuài,
yìhuǔr ____dàole 。
- A. méi
- B. kě
- C. jiù
- D. lái

15. 她想寫功課又想彈鋼琴，
    不知道先做哪樣____好。
    A. 就
    B. 才
    C. 還
    D. 可

15. 她想写功课又想弹钢琴，
    不知道先做哪样____好。
    A. 就
    B. 才
    C. 还
    D. 可

15. ㄊㄚ ㄒㄧㄤˇ ㄒㄧㄝˇ ㄍㄨㄥ ㄎㄜˋ ㄧㄡˋ ㄒㄧㄤˇ ㄊㄢˊ ㄍㄤ ㄑㄧㄣˊ，
    ㄅㄨˋ ㄓ ㄉㄠˋ ㄒㄧㄢ ㄗㄨㄛˋ ㄋㄚˇ ㄧㄤˋ _____ ㄏㄠˇ。
    A. ㄐㄧㄡˋ
    B. ㄘㄞˊ
    C. ㄏㄞˊ
    D. ㄎㄜˇ

15. Tā xiǎng xiě gōngkè yòu xiǎng tán gāngqín,
    bù zhīdào xiān zuò nǎ yàng ____ hǎo。
    A. jiù
    B. cái
    C. hái
    D. kě

16. ____北京烤鴨____，
    你還喜歡吃什麼？
    A. 因為……之外
    B. 除了……之外
    C. 除去……之後
    D. 有了……之後

16. ____北京烤鸭____，
    你还喜欢吃什么？
    A. 因為……之外
    B. 除了……之外
    C. 除去……之后
    D. 有了……之后

16. _____ ㄅㄟˇ ㄐㄧㄥ ㄎㄠˇ ㄧㄚ _____，
    ㄋㄧˇ ㄏㄞˊ ㄒㄧˇ ㄏㄨㄢ ㄔ ㄕㄜˊ ㄇㄜ？
    A. ㄧㄣ ㄨㄟˋ……ㄓ ㄨㄞˋ
    B. ㄔㄨˊ ㄌㄜ……ㄓ ㄨㄞˋ
    C. ㄔㄨˊ ㄑㄩˋ……ㄓ ㄏㄡˋ
    D. ㄧㄡˇ ㄌㄜ……ㄓ ㄏㄡˋ

16. ____ Běijīng kǎoyā ___,
    nǐ hái xǐhuān chī shénme?
    A. yīnwèi……zhīwài
    B. chúle……zhīwài
    C. chúqù……zhīhòu
    D. yǒule……zhīhòu

17. 妹妹____年紀小，____很懂事。
    A. 因為……所以
    B. 雖然……但是
    C. 然而……所以
    D. 否則……不然

17. 妹妹____年纪小，____很懂事。
    A. 因為……所以
    B. 虽然……但是
    C. 然而……所以
    D. 否则……不然

17. ㄇㄟˋ ㄇㄟ _____ ㄋㄧㄢˊ ㄐㄧˋ ㄒㄧㄠˇ， _____ ㄏㄣˇ ㄉㄨㄥˇ ㄕˋ。
    A. ㄧㄣ ㄨㄟˋ……ㄙㄨㄛˇ ㄧˇ
    B. ㄙㄨㄟ ㄖㄢˊ……ㄉㄢˋ ㄕˋ
    C. ㄖㄢˊ ㄦˊ……ㄙㄨㄛˇ ㄧˇ
    D. ㄈㄡˇ ㄗㄜˊ……ㄅㄨˋ ㄖㄢˊ

17. Mèimei_____niánjì xiǎo, _____hěn
    dǒngshì。
    A. yīnwèi……suǒyǐ
    B. suīrán……dànshì
    C. rán'ér……suǒyǐ
    D. fǒuzé……bùrán

18. ＿＿＿來了，就多玩一會兒吧，
＿＿＿回去也沒事。
    A. 既然……反正
    B. 既然……反而
    C. 既然……雖然
    D. 既然……然而

18. ＿＿＿ ㄌㄞˊㄌㄜ，ㄐㄧㄡˋㄉㄨㄛ ㄨㄢˊ ㄧ ㄏㄨㄟˇㄦ ㄅㄚ，
＿＿＿ ㄏㄨㄟˊㄑㄩˋ ㄧㄝˇ ㄇㄟˊ ㄕˋ。
    A. ㄐㄧˋㄖㄢˊ……ㄈㄢˇㄓㄥˋ
    B. ㄐㄧˋㄖㄢˊ……ㄈㄢˇㄦ
    C. ㄐㄧˋㄖㄢˊ……ㄙㄨㄟ ㄖㄢˊ
    D. ㄐㄧˋㄖㄢˊ……ㄖㄢˊㄦ

18. ＿＿＿来了，就多玩一会儿吧，
＿＿＿回去也没事。
    A. 既然…… 反正
    B. 既然……反而
    C. 既然…… 虽然
    D. 既然…… 然而

18. ＿＿＿ láile, jiùduō wán yìhuǐr ba，
＿＿＿ huíqù yě méishì 。
    A. jìrán……fǎnzhèng
    B. jìrán……fǎn'ér
    C. jìrán……suīrán
    D. jìrán……rán'ér

---

19. 天冷了，多穿件衣服，
＿＿＿你會感冒的。
    A. 於是
    B. 不然
    C. 然後
    D. 可能

19. ㄊㄧㄢ ㄌㄥˇ ㄌㄜ，ㄉㄨㄛ ㄔㄨㄢ ㄐㄧㄢˋ ㄧ ㄈㄨˊ，
＿＿＿ㄋㄧˇ ㄏㄨㄟˋ ㄍㄢˇ ㄇㄠˋ ㄉㄜ。
    A. ㄩˊㄕˋ
    B. ㄅㄨˋㄖㄢˊ
    C. ㄖㄢˊㄏㄡˋ
    D. ㄎㄜˇㄋㄥˊ

19. 天冷了，多穿件衣服，
＿＿＿你会感冒的。
    A. 于是
    B. 不然
    C. 然后
    D. 可能

19. Tiān lěng le, duō chuān jiàn yīfú，
＿＿＿nǐ huì gǎnmào de 。
    A. yúshì
    B. bùrán
    C. ránhòu
    D. kěnéng

---

20. ＿＿＿你不知道，
＿＿＿你昨天沒來。
    A. 因為……所以
    B. 難怪…… 所以
    C. 怪不得……原因
    D. 怪不得……原來

20. ＿＿＿ㄋㄧˇㄅㄨˋㄓ ㄉㄠˋ，
＿＿＿ㄋㄧˇㄗㄨㄛˊㄊㄧㄢ ㄇㄟˊㄌㄞˊ。
    A. ㄧㄣ ㄨㄟˋ……ㄙㄨㄛˇㄧ
    B. ㄋㄢˊㄍㄨㄞˋ……ㄙㄨㄛˇㄧ
    C. ㄍㄨㄞˋㄅㄨˋㄉㄜˊ……ㄩㄢˊㄧㄣ
    D. ㄍㄨㄞˋㄅㄨˋㄉㄜˊ……ㄩㄢˊㄌㄞˊ

20. ＿＿＿你不知道，
＿＿＿你昨天没来。
    A. 因为……所以
    B. 难怪…… 所以
    C. 怪不得……原因
    D. 怪不得……原来

20. ＿＿＿ nǐ bù zhīdào，
＿＿＿ nǐ zuótiān méi lái 。
    A. yīnwèi……suǒyǐ
    B. nánguài……suǒyǐ
    C. guàibùdé……yuányīn
    D. guàibùdé……yuánlái

21.

____中餐還是西餐，我____愛吃。
A. 連……也
B. 不管……也
C. 不論……也
D. 不論……都

____ㄓㄨㄥㄘㄢㄕˊㄒㄧㄘㄢ，ㄜˇ____ㄞˋㄔ。
A. ㄌㄧㄢ……ㄧㄝ
B. ㄅㄨˋㄍㄨㄣ……ㄧㄝ
C. ㄅㄨˋㄌㄨㄣ……ㄧㄝ
D. ㄅㄨˋㄌㄨㄣ……ㄉㄡ

____中餐还是西餐，我____爱吃。
A. 连……也
B. 不管……也
C. 不论……也
D. 不论……都

____ zhōngcān háishì xīcān, wǒ ____ ài chī 。
A. lián ……yě
B. bùguǎn……yě
C. búlùn……yě
D. búlùn……dōu

22.

下課以後，小明 ____沒有馬上回家，____ 跑去看電影。
A. 不但……而且
B. 雖然……而且
C. 不但……反而
D. 由於……所以

ㄒㄧㄚˋㄎㄜˋㄧˇㄏㄡˋ，ㄒㄧㄠˇㄇㄧㄥˊ ____ㄇㄟˊㄧㄡˇㄇㄚˇㄕㄤˋㄏㄨㄟˊㄐㄧㄚ，____ㄆㄠˇㄑㄩˋㄎㄢˋㄉㄧㄢˋㄧㄥˇ。
A. ㄅㄨˊㄉㄢ……ㄦˊㄑㄧㄝˇ
B. ㄙㄨㄟㄖㄢ……ㄦˊㄑㄧㄝˇ
C. ㄅㄨˊㄉㄢ……ㄈㄢˇㄦ
D. ㄧㄡˊㄩ……ㄙㄨㄛˇㄧ

下课以后，小明 ____没有马上回家，____ 跑去看电影。
A. 不但…… 而且
B. 虽然…… 而且
C. 不但…… 反而
D. 由于…… 所以

Xiàkè yǐhòu, Xiǎomíng ____méiyǒu mǎshàng huí jiā, ____pǎoqù kàn diànyǐng 。
A. búdàn……érqiě
B. suīrán……érqiě
C. búdàn……fǎn'ér
D. yóuyú ……suǒyǐ

23.

要學好中文，____下功夫____。
A. 一定……才能
B. 未必……才能
C. 非……不可
D. 非……才可

ㄧㄠˋㄒㄩㄝˊㄏㄠˇㄓㄨㄥ，____ㄒㄧㄚˋㄍㄨㄥㄈㄨ____。
A. ㄧˊㄉㄧㄥˋ……ㄘㄞˊㄋㄥˊ
B. ㄨㄟˋㄅㄧˋ……ㄘㄞˊㄋㄥˊ
C. ㄈㄟ……ㄅㄨˋㄎㄜˇ
D. ㄈㄟ……ㄘㄞˊㄎㄜˇ

要学好中文，____下功夫____。
A. 一定……才能
B. 未必……才能
C. 非……不可
D. 非……才可

Yào xué hǎo Zhōngwén, ____ xià gōngfū ____ 。
A. yídìng……cáinéng
B. wèibì……cáinéng
C. fēi……bùkě
D. fēi……cáikě

24. 昨天逛街的時候，
我的錢包____小偷偷走了。
    A. 把
    B. 便
    C. 被
    D. 跟

24. ㄗㄨㄛˊ ㄊㄧㄢ ㄍㄨㄤˋ ㄐㄧㄝ ㄉㄜ ㄕˊ ㄏㄡˋ，
ㄨㄛˇ ㄉㄜ ㄑㄧㄢˊ ㄅㄠ _____ ㄒㄧㄠˇ ㄊㄡ ㄊㄡ ㄗㄡˇ ㄌㄜ。
    A. ㄅㄚˇ
    B. ㄅㄧㄢˋ
    C. ㄅㄟˋ
    D. ㄍㄣ

24. 昨天逛街的时候，
我的钱包____小偷偷走了。
    A. 把
    B. 便
    C. 被
    D. 跟

24. Zuótiān guàngjiē de shíhòu, wǒ de
qiánbāo ____ xiǎotōu tōu zǒu le。
    A. bǎ
    B. biàn
    C. bèi
    D. gēn

....

25. 他____有經驗，
很快地就把問題解決了。
    A. 既然
    B. 到底
    C. 雖然
    D. 於是

25. ㄊㄚ _____ ㄧㄡˇ ㄐㄧㄥ ㄧㄢˋ，
ㄏㄣˇ ㄎㄨㄞˋ ㄉㄜ ㄐㄧㄡˋ ㄅㄚˇ ㄨㄣˋ ㄊㄧˊ ㄐㄧㄝˇ ㄐㄩㄝˊ ㄌㄜ。
    A. ㄐㄧˋ ㄖㄢˊ
    B. ㄉㄠˋ ㄉㄧˇ
    C. ㄙㄨㄟ ㄖㄢˊ
    D. ㄩˊ ㄕˋ

25. 他____有经验，
很快地就把问题解决了。
    A. 既然
    B. 到底
    C. 虽然
    D. 于是

25. Tā _____yǒu jīngyàn, hěn kuài de
jiù bǎ wèntí jiějué le。
    A. jìrán
    B. dàodǐ
    C. suīrán
    D. yúshì

SAT II 中文模擬試題（第二套）
Section III: Reading Comprehension

Directions: Read the following selections carefully for comprehension. Each selection is followed by one or more questions or incomplete statements based on its content. Select the answer or completion that is best according to the passage and fill in the corresponding oval on the answer sheet.

THE SECTION OF THE TEST IS PRESENTED IN TWO WRITING SYSTEMS: TRADITIONAL CHARACTERS AND SIMPLIFIED CHARACTERS. AS YOU WORK THROUGH THIS SECTION OF THE TEST , IT IS RECOMMENDED THAT YOU <u>ONLY READ</u> THE WRITING SYSTEM WITH WHICH YOU ARE MOST FAMILIAR WITH.

1

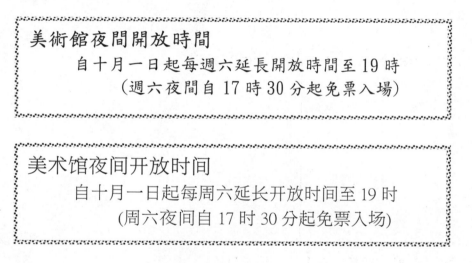

美術館夜間開放時間
　　自十月一日起每週六延長開放時間至 19 時
　　　　（週六夜間自 17 時 30 分起免票入場）

美术馆夜间开放时间
　　自十月一日起每周六延长开放时间至 19 时
　　　　（周六夜间自 17 时 30 分起免票入场）

1. This notice is about
   A. a new schedule with extended hours at Saturday night
   B. a schedule of the art exhibition
   C. available free tickets being given away
   D. a Memorial Exhibition

2 ~ 3

```
中華診所    電話：5216500
預約專線：  5216505
李美文 女士
病歷號碼：52659
日期：2006 年 5 月 6 日
內服：每 1 日  3 次  每次 1 粒
```

```
中华诊所    电话: 5216500
预约专线: 5216505
李美文 女士
病历号码:52659
日期: 2006 年 5 月 6 日
内服:每 1 日  3 次 每次 1 粒
```

2. Which statement below is incorrect?

    A. A new clinic is opening

    B. the prescription date is on May 6th

    C. It is a prescription label.

    D. The patient is female.

3. Which number do you call to make an appointment?

    A. 5216500

    B. 5216505

    C. 52659

    D. not listed

4

```
公寓出租 兩房一廳 安靜 不帶家
俱 新地毯 不可養寵物 房客最好
是學生 女生佳 意者請電 552220(夜)
```

```
公寓出租 两房一厅 安静 不带家
俱 新地毯 不可养宠物 房客最好是
学生 女生佳 意者请电 552220(夜)
```

4. What is this ad for?

    A. a business office for rent

    B. an apartment for rent

    C. looking for a female roomate

    D. an apartment for sale

5 ~ 6

冬季奧運會獎牌榜

國家或地區：	金	銀	銅
俄羅斯	6	7	6
美國	5	8	5
奧地利	5	4	8
德國	4	9	5
瑞典	4	0	9
挪威	3	5	0
加拿大	3	4	4

（截至當地時間二月十七日）

冬季奥运会奖牌榜

国家或地区：	金	银	铜
俄罗斯	6	7	6
美国	5	8	5
奥地利	5	4	8
德国	4	9	5
瑞典	4	0	9
挪威	3	5	0
加拿大	3	4	4

（截至当地时间二月十七日）

5. Which country is not on the list?
   A. Norway
   B. Austria
   C. England
   D. Russia

6. Which country has won the most bronze medals?
   A. Sweden
   B. Canada
   C. Norway
   D. Russia

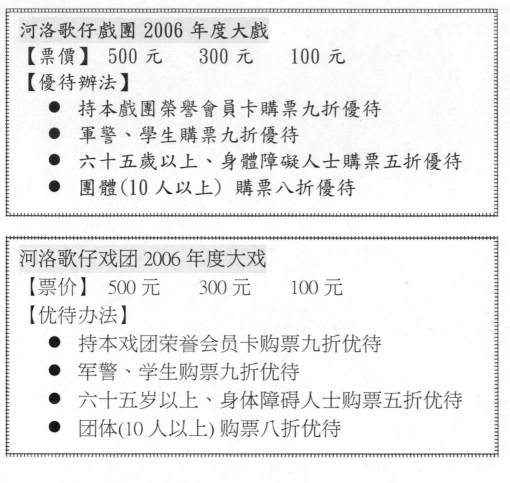

河洛歌仔戲團 2006 年度大戲

【票價】　500 元　　300 元　　100 元

【優待辦法】

- 持本戲團榮譽會員卡購票九折優待
- 軍警、學生購票九折優待
- 六十五歲以上、身體障礙人士購票五折優待
- 團體(10 人以上) 購票八折優待

河洛歌仔戏团 2006 年度大戏

【票价】　500 元　　300 元　　100 元

【优待办法】

- 持本戏团荣誉会员卡购票九折优待
- 军警、学生购票九折优待
- 六十五岁以上、身体障碍人士购票五折优待
- 团体(10 人以上) 购票八折优待

7. Who qualifies for the 50% discount?
  A. disabled
  B. honored members
  C. students
  D. group with 10 people or more

8. How much does a group of 12 pay when buying the cheapest tickets?
  A. $1,200
  B. $1,080
  C. $960
  D. $600

9 ~ 10

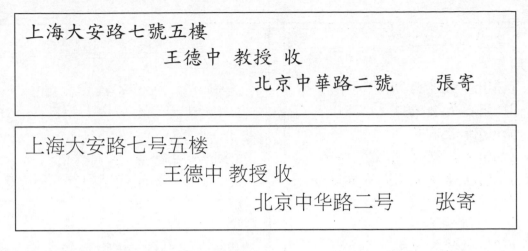

上海大安路七號五樓

　　王德中　教授　收

　　　　北京中華路二號　　張寄

上海大安路七号五楼

　　王德中　教授　收

　　　　北京中华路二号　　张寄

9. This is
   A. a business card
   B. an ad
   C. a ticket
   D. an envelope

10. Which of the following is the correct statement?
    A. Mr. Wang lives in Shanghai.
    B. Mr. Wang is a lawyer.
    C. Mr. Wang lives on the 7th floor.
    D. Mr. Wang lives in Beijing.

11

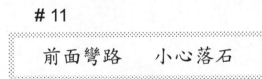

前面彎路　　小心落石

前面弯路　　小心落石

11. What does this sign mean?
    A. No U-turn
    B. Be aware of falling stones
    C. Divided lanes ahead
    D. Beware of animals

電影節目精選
星期一至星期五 　12:30pm-1:30pm 中港台新聞 　1:30pm-3:00pm 美食天下 　3:30pm-5:00pm 卡通片 　7:30pm-8:00pm 美國新聞 　8:30pm-9:30pm 連續劇:漢高祖傳奇
星期六 　12:30pm-1:00pm 體育世界 　1:00pm-1:30pm 美國一週新聞 　1:30pm-2:30pm 卡通片 　5:30pm-7:00pm 韓劇:最後之舞 　7:00pm-8:00pm 清歌妙舞
星期日 　5:00pm-6:00pm 專題報導:如何理財 　6:00pm-7:00pm 卡通片 　7:00pm-8:00pm 福地與風水

电影节目精选
星期一至星期五 　12:30pm-1:30pm 中港台新闻 　1:30pm-3:00pm 美食天下 　3:30pm-5:00pm 卡通片 　7:30pm-8:00pm 美国新闻 　8:30pm-9:30pm 连续剧:汉高祖传奇
星期六 　12:30pm-1:00pm 体育世界 　1:00pm-1:30pm 美国一周新闻 　1:30pm-2:30pm 卡通片 　5:30pm-7:00pm 韩剧:最后之舞 　7:00pm-8:00pm 清歌妙舞
星期日 　5:00pm-6:00pm 专题报导:如何理财 　6:00pm-7:00pm 卡通片 　7:00pm-8:00pm 福地与风水

12. What program will you see if you turn on the TV
    at 12:30pm on Saturday?
    A. A soap opera
    B. World news
    C. Sports
    D. Pop music

13. Which program will you see everyday of the week?
    A. Cartoon
    B. News
    C. A soap opera
    D. Cooking

14

如何沖泡好茶：　你可用紫砂壺、蓋碗或小磁壺。
　　1. 先用煮沸的熱水溫茶具，放入約 20-40%的茶葉。
　　2. 第一泡茶，沖滿後讓茶水泡沫溢出，然後倒掉茶水溫杯。
　　3. 第二泡茶，沖入華氏 175-200 度熱水，留置 45-60 秒，然後倒出飲用。
　　4. 第三泡茶，約增加 15-20 秒，一壺茶葉約可沖泡 3-5 次。

如何沖泡好茶：　你可用紫砂壺、盖碗或小磁壺。
　　1. 先用煮沸的热水溫茶具，放入約 20-40%的茶叶。
　　2. 第一泡茶，沖满后让茶水泡沫溢出，然后倒掉茶水溫杯。
　　3. 第二泡茶，沖入华氏 175-200 度热水，留置 45-60 秒，然后倒出饮用。
　　4. 第三泡茶，約增加 15-20 秒，一壺茶叶約可沖泡 3-5 次。

14. What are these instructions for?
   A. How to choose a teapot?
   B. How to choose the tea leaves?
   C. How to brew tea?
   D. How to store your tea?

15. What does this sign mean?　　　　# 15
   A. One way
   B. No left turn
   C. Left turn only
   D. Right turn only

車道僅准左轉　　　　车道仅准左转

16. What does this mean?　　　　# 16
   A. Patent protection
   B. Copyright
   C. Business agreement
   D. No trespassing

版權所有　　　版权所有
翻印必究　　　翻印必究

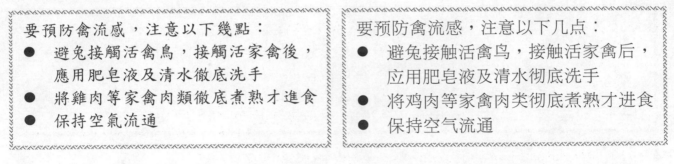

 # 17

要預防禽流感，注意以下幾點：
- 避免接觸活禽鳥，接觸活家禽後，應用肥皂液及清水徹底洗手
- 將雞肉等家禽肉類徹底煮熟才進食
- 保持空氣流通

要预防禽流感，注意以下几点：
- 避免接触活禽鸟，接触活家禽后，应用肥皂液及清水彻底洗手
- 将鸡肉等家禽肉类彻底煮熟才进食
- 保持空气流通

17. Which of the following statements is incorrect?
   A. You should cook your chicken thoroughly before you eat it.
   B. You can play with birds and touch them.
   C. You should wash your hands with soap.
   D. You should avoid touching a bird.

 # 18

保持每週運動三天，每天至少持續運動二十分鐘的習慣，將可使妳在生活上各方面受益。

保持每周运动三天，每天至少持续运动二十分钟的习惯，将可使妳在生活上各方面受益。

18. What is the point of this paragraph?
   A. Exercising will benefit you in life.
   B. Reading will benefit you in life
   C. Keeping a hobby will benefit you in life
   D. Watching a sports program for 20 minutes a day will make you feel relaxed

金石文具店
誠徵半職員工，學生兼職最佳，
需中英文流利並能操作電腦，無經驗可。
意者請傳真履歷表至　(305)883-8838
www. jinshi.com

金石文具店
诚征半职员工，学生兼职最佳，
需中英文流利并能操作电脑，无经验可。
意者请传真履历表至　(305)883-8838
www.jinshi.com

19. What is the basic requirement for all applicants?
   A. Must be a student
   B. Must work full time
   C. Must have experience
   D. Must speak both English and Chinese fluently

20. What should you do to apply for this job?
   A. Call to make an appointment for an interview
   B. Fax your resume
   C. E-mail
   D. Visit the website

太平洋百貨公司
週年慶，超特價
流行女裝、男裝、童裝全面六折
僅此一週，敬請把握機會

太平洋百货公司
周年庆，超特价
流行女装、男装、童装全面六折
仅此一周，敬请把握机会

21. What is this promotion for?
   A. A year-end sale
   B. A spring sale
   C. An anniversary sale
   D. A holiday sale

22. If a dress costs $80, what is the sale price?
   A. $32
   B. $48
   C. $40
   D. $74

23

〔中央社〕突如其來的大風雪，創下華氏零下 36 度的超級低溫，整個歐洲被籠罩在白雪之中，從法國到義大利，不僅空中交通停擺，陸上交通也是寸步難行。

〔中央社〕突如其来的大风雪，创下华氏零下 36 度的超级低温，整个欧洲被笼罩在白雪之中，从法国到义大利，不仅空中交通停摆，陆上交通也是寸步难行。

23. According to this article, the snowstorm hit _____ .
    A. Asia
    B. Europe
    C. Australia
    D. North America

24

〔本報訊〕中正機場三十日受到濃霧影響，班機暫停起降，近萬名旅客行程受阻，在深夜重新開放後，目前正常起降，不過班機起降時間都受延誤，旅客出國搭機或民眾接機時，要先確認時間。

〔本报讯〕中正机场三十日受到浓雾影响，班机暂停起降，近万名旅客行程受阻，在深夜重新开放后，目前正常起降，不过班机起降时间都受延误，旅客出国搭机或民众接机时，要先确认时间。

24. Why was the airport temporarily closed?
    A. Because of the dense fog
    B. Because of the heavy rain
    C. Because of the gusty wind
    D. Because of the snowstorm

25

國家女子排球隊
日本女子排球隊

排球比賽

六月三日星期六晚上八點
地壇體育館
票價 三元六角
當日早上九點售票

国家女了排球队
日本女子排球队

排球比赛

六月三日星期六晚上八点
地坛体育馆
票价 三元六角
当日早上九点售票

25. When will the tickets be sold to the public?
   A. June 3rd, 8PM
   B. June 3rd, 9AM
   C. June 2nd, 9AM
   D. June 3rd, 6PM

26

日記　　　二月二十三日
　　今天我去學校差一點遲到。早
上我起得太晚了，沒趕上校車。我
正在著急的時候，突然看見家明的
媽媽送家明上學，我就搭他們的車
去學校。我一進教室就打鈴了。

日记　　　二月二十三日
　　今天我去学校差一点迟到。早
上我起得太晚了，没赶上校车。我
正在著急的时候，突然看见家明的
妈妈送家明上学，我就搭他们的车
去学校。我一进教室就打铃了。

26. In this diary,
   A. I took the bus to school.
   B. I was late for school.
   C. I got a ride from a friend's mom.
   D. I drove to school.

27 ~ 28

亞洲主要城市明日氣象預報

東京	多雲	12-7	度(°C)
漢城	多雲	10-3	度
曼谷	晴天	30-21	度
北京	多雲	10-0	度
上海	晴天	17-10	度
香港	陰天多雲	20-16	度
台北	晴時陣雨	24-19	度
新加坡	晴天	31-24	度

亚洲主要城市明日气象预报

东京	多云	12-7	度 (°C)
汉城	多云	10-3	度
曼谷	晴天	30-21	度
北京	多云	10-0	度
上海	晴天	17-10	度
香港	阴天多云	20-16	度
台北	晴时阵雨	24-19	度
新加坡	晴天	31-24	度

27. How will the weather be like tomorrow in Hong Kong?
   A. Light rain then clears up
   B. Sunny, then cloudy
   C. Mostly cloudy
   D. Sunny all day

28. What will be the lowest temperature in Shanghai?
   A. 17 °C
   B. 10 °C
   C. 0 °C
   D. 3 °C

#29

今日特餐
魚排飯　　　85 元
雞腿飯　　　80 元
青椒牛肉飯 90 元
蝦仁蛋炒飯 85 元
蔬菜炒飯　　75 元
附餐：湯、沙拉、紅茶/咖啡

今日特餐
鱼排饭　　　85 元
鸡腿饭　　　80 元
青椒牛肉饭 90 元
虾仁蛋炒饭 85 元
蔬菜炒饭　　75 元
附餐：汤、沙拉、红茶/咖啡

29. How much will you pay if you order vegetable fried rice?
    A. $90
    B. $85
    C. $75
    D. $80

#30

一週計劃表

星期日　和同事去看電影
星期一　訂機票
星期二　和張經理開會
星期三　付房租
星期四　去旅行社拿機票
星期五　去銀行買旅行支票
星期六　檢查護照、簽證，收拾行李

一周计划表

星期日　和同事去看电影
星期一　订机票
星期二　和张经理开会
星期三　付房租
星期四　去旅行社拿机票
星期五　去银行买旅行支票
星期六　检查护照、签证，收拾行李

30. When does the author plan to buy the traveler's check?
    A. Friday
    B. Thursday
    C. Tuesday
    D. Monday

SAT II 中文模擬試題（第三套）
Section I：Listening Comprehension

Listening Part A

Directions: In this part of the test you will hear short questions, statements, or exchanges in Mandarin Chinese, followed by three responses designated (A), (B), (C) and (D). You will hear the statements or questions, and responses, only once and they are not printed in your test booklet; therefore, you must listen very carefully. Select the best response and fill in the corresponding oval on your answer sheet. You will have 15 seconds to answer each question.

Question 1   (A)   (B)   (C)   (D)

Question 2   (A)   (B)   (C)   (D)

Question 3   (A)   (B)   (C)   (D)

Question 4   (A)   (B)   (C)   (D)

Question 5   (A)   (B)   (C)   (D)

Question 6   (A)   (B)   (C)   (D)

Question 7   (A)   (B)   (C)   (D)

Question 8   (A)   (B)   (C)   (D)

Question 9   (A)   (B)   (C)   (D)

Question 10   (A)   (B)   (C)   (D)

Question 11   (A)   (B)   (C)   (D)

Question 12   (A)   (B)   (C)   (D)

Question 13   (A)   (B)   (C)   (D)

Question 14   (A)   (B)   (C)   (D)

Question 15   (A)   (B)   (C)   (D)

Listening Part B

Directions: You will now hear a series of short selections. You will hear them <u>only once</u> and they are not printed in your test booklet. After each selection, you will be asked one or more questions about what you have just heard. These questions, with four possible answers, are printed in your test booklet. Select the best answer to each question from the four choices given and fill in the corresponding oval on your answer sheet. You will have 15 seconds to answer each question.

Question 16
The woman's older brother
(A) is a doctor and a teacher, too.
(B) has a French girlfriend.
(C) has an English teacher, who is also his girlfriend.
(D) has a girlfriend, who is teaching English and French.

Question 17
What day is the woman's aunt's birthday?
(A) Friday
(B) Saturday
(C) Sunday
(D) Monday

Question 18
The man
(A) is taking the woman out to dinner at a Chinese Restaurant.
(B) wants the woman to stay and enjoy his food.
(C) is a great cook and knows what his customers enjoy to eat.
(D) is showing his hospitality by inviting the woman to a meal at his house.

Question 19
How is the woman going to spend the Thanksgiving holiday?
(A) She will fly to Los Angeles to meet her family there.
(B) Her family lives in Florida and will visit her in California during Thanksgiving.
(C) She will wait for her family to come and then have fun together in Los Angeles.
(D) She has lots of plans with her family but probably will not do any of them then.

Question 20
Where does this conversation occur?
(A) at a bookstore
(B) at a to-go Chinese Dessert House
(C) at a hotel
(D) on a camping site

Question 21
The woman
(A) does not like to watch baseball games.
(B) wants to go shopping today.
(C) will watch the game on TV.
(D) wants to go out and have dinner.

Question 22
What does he mean?
(A) He does not have the tool that Mr. Liu wants.
(B) Mr. Liu bought the tool.
(C) He thinks that Mr. Liu has already borrowed the tool from other people.
(D) He lent Mr. Liu the tool.

Question 23
What does she imply ?
(A) The store sells fresh fruit only.
(B) The fruit here is not so fresh.
(C) This store sells fruit only.
(D) The fruit in this store will sold out in one week.

Question 24
What does he mean?
(A) He doesn't like both colors.
(B) He likes the white one, but the size is not right.
(C) He might buy the white one.
(D) He might buy the red one.

Question 25
Did the woman get her reservation?
(A) Yes,
(B) No,
(C) Not sure.
(D) She didn't want reservation.

Question 26
What's the discussion about?
(A) Red wine and health
(B) Exercise and health
(C) Red wine and drink
(D) Red wine and price

Question 27
They are discussing about
(A) study abroad in Asia
(B) study abroad in Europe
(C) study abroad in Australia
(D) Stay in the USA to study.

Question 28
They are
(A) High School students
(B) Elementary students
(C) College students
(D) Teachers

Question 29
A person
(A) calls to make a doctor's appointment.
(B) calls to look for a job.
(C) calls for homework.
(D) calls to ask a question.

Question 30
They are talking about
(A) cell phones.
(B) the internet.
(C) classes.
(D) business.

Listening Part A

Directions: In this part of the test you will hear short questions, statements, or exchanges in Mandarin Chinese, followed by three responses designated (A), (B), (C) and (D). You will hear the statements or questions, and responses, only once and they are not printed in your test booklet; therefore, you must listen very carefully. Select the best response and fill in the corresponding oval on your answer sheet. You will have 15 seconds to answer each question.

Question 1
請問您貴姓？
(A) 我叫李明中。
(B) 我姓張。你呢?
(C) 我不姓高,我姓林。
(D) 你好, 很高興認識你。

Question 2
今天公園裡的人真多,是不是有什麼慶祝活動?
(A) 活動十點就要開始了。東西你都準備好了嗎?
(B) 聽說週末很多老年人都喜歡來這裡散散步、聊聊天。
(C) 我們過去看看吧。
(D) 公園裡怎麼到處都是垃圾?

Question 3
這張照片裡的人是誰?
(A) 我弟弟和我妹妹的英文老師都姓張。
(B) 我應該多加洗幾張才對。
(C) 這是我爸爸,這是我媽媽。
(D) 你有幾個妹妹?

Question 4
小姐,請問這道菜要多少錢?
(A) 我們今天二十四小時不關門。
(B) 今天來吃都打九折,所以只要八塊半就好。
(C) 真不好意思,我忘了找您錢了。
(D) 這道菜叫宮保雞丁,雖然貴一點兒,不過很好吃。

Question 5
你心裡有什麼不舒服就說出來,憋太久會生病的。
(A) 我們昨天晚上去參加小文的生日舞會,大家都玩得非常開心。
(B) 我和男朋友分手了,心裡很難過。
(C) 她是我見過最漂亮的女孩子。
(D) 最近常常覺得心跳很快,不知道是不是我運動太激烈的關係?

Question 6
這雙咖啡色的鞋子很好看,你要買嗎?
(A) 我覺得太貴了。
(B) 紅色的不適合你。
(C) 你的鞋子很好看。
(D) 謝謝你的讚美!

Question 7
你生病了嗎?要不要去看醫生?
(A) 我家離醫院很近。
(B) 我沒事,只是有點感冒。
(C) 王醫生人很好。
(D) 我以前看過王醫生。

Question 8
現在是六點半,電影七點鐘開始。購物中心距離電影院只要15分鐘,我們現在過去,
(A) 電影已經演完了。
(B) 一定是七點。
(C) 還來得及。
(D) 電影院沒有人。

Question 9
今天放學後你要做什麼?
(A) 我不喜歡走路回家。
(B) 我平時都在家裡吃晚飯。
(C) 昨天我和弟弟一起回家。
(D) 我要去打球,還得去圖書館還書。

Question 10
這個暑假你打工賺了不少錢吧！
(A) 我在百貨公司打工。
(B) 我賺了二千三百元。
(C) 我去洗車子。
(D) 對呀！我要去歐洲。

Question 11
你平均一天上網多少小時？
(A) 平均花費超過 24 元。
(B) 平均超過 8 小時。
(C) 平均五天。
(D) 平均 5 公分。

Question 12
明天下午放學後,你要不要和我們一起去打球？
(A) 我明天上午要上中文課。
(B) 對不起,我下午有鋼琴課,不能去。
(C) 我上個週末去。
(D) 我今天放學後要去游泳。

Question 13
我今年暑假想去打工,你呢？
(A) 功課太多了。
(B) 我想我媽媽不會答應的,算了吧!
(C) 我數學功課沒有寫完。
(D) 我今天要去補習。

Question 14
你知道媽媽最大的希望是什麼嗎？
(A) 謝謝!我不喜歡。
(B) 我不知道,你告訴我吧。
(C) 我不想去,你自己去吧。
(D) 我喜歡和媽媽聊天。

Question 15
大華說他已經想好大學的主修是什麼了。
(A) 他可能會唸法律吧。
(B) 他明天要去考試。
(C) 明天再說吧！
(D) 他明年想上大學。

Listening Part B

Directions: You will now hear a series of short selections. You will hear them <u>only once</u> and they are not printed in your test booklet. After each selection, you will be asked one or more questions about what you have just heard. These questions, with four possible answers, are printed in your test booklet. Select the best answer to each question from the four choices given and fill in the corresponding oval on your answer sheet. You will have 15 seconds to answer each question.

<u>Question 16</u>
男: 你哥哥是做什麼的?
女: 他是律師,也是老師。
男: 站在他旁邊的女孩子是你妹妹嗎?
女: 不,他是我哥哥的女朋友,是個法國人,也是我的英文老師。

<u>Question 17</u>
女: 後天我要去姑姑家給她過生日。你明天可以陪我去給他買個生日禮物嗎?
男: 明天星期六我要加班,今天晚上可以陪你一起去。
女: 不行,今天我要開會,所以一定要明天去買。

<u>Question 18</u>
男: 聽說喝綠茶對身體好。你要不要來一杯?
女: 我習慣喝白開水。你別忙了,趕快坐下來吃吧。
男: 不急,不急,你先吃。我還有一道菜,馬上就好了。
女: 你真是好客,下次輪我請,一言為定喔!

<u>Question 19</u>
女: 感恩節就要到了,你打算怎麼過呢?
男: 我要先回東岸去看我爸媽,然後再去佛羅里達州找我阿姨、表哥和表妹玩。你呢?
女: 我要留在這兒等我爸爸媽媽和姐姐來,我們打算一起去洛杉機玩。

<u>Question 20</u>
男: 你喜歡喝珍珠奶茶嗎?
女: 喜歡,如果再加上一份鹽酥雞就更好了。
男: 好,那我們就買兩杯珍珠奶茶,和一份鹽酥雞帶回家吃吧。

Question 21

男：我有今天棒球比賽的兩張票，你想要一塊來嗎？

女：我要看今天電視比賽的實況轉播，而且今天的天氣對我來說太冷了。

Question 22

女：我忘記告訴你隔壁劉先生上午打過電話來借工具。

男：他有說要借什麼工具嗎？

女：劉先生沒有告訴我。

男：噢，我剛剛有看見他，他沒說任何事情，我想他應該已經借到工具了。

Question 23

男：我聽說這裡的水果很新鮮。

女：我不認為！

男：怎麼說？

女：他們兩星期才進貨一次。

Question 24

女：這件紅色的衣服正在打折，很便宜。

男：嗯，這件衣服是挺不錯的，不過紅色好像不太適合我。

女：那這件白色的呢？

男：好看是好看，不過尺寸好像有點太小了。

Question 25

女：我想要訂一間單人房。

男：好的，請稍後！請問吸菸還是不吸菸？

女：我要不吸菸的房間。

男：好了！您的房間是 2913 號房。

Question 26

男：聽說紅酒對預防心臟病有幫助。

女：對呀！我也聽說一天一杯紅酒可以強化心臟功能。

男：從今天開始，我也要一天一杯。

女：記住不要過量呦！

Question 27

男：聽說你明年畢業後想去歐洲遊學是嗎？

女：你怎麼知道？

男：我聽王大中說的，我也想去歐洲遊學。

女：好我們一起去！

Question 28

男：你上次考 SAT 考得怎麼樣？

女：我考得不好，你呢？

男：還不錯，希望下次能考得更好.

女：我應該多向你請教才是.

Question 29

男：請問你們公司有職位空缺嗎？

女：你想做哪一方面的工作呢？

男：我的專業是市場調查。

女：我們公司今年沒有這方面的預算，等明年吧！

Question 30

男：請問你們公司有什麼新型手機嗎？

女：你想找哪一種型式的呢？

男：我想有上網功能的。

女：這款不錯，你要不要看一下！

Section II：Grammar

Directions: This section consists of a number of incomplete statements, each of which has four suggested completions. Select the word or phrase that best completes the sentence structurally and logically. Please fill in the corresponding oval on the answer sheet.

THE QUESTIONS ARE PRESENTED IN FOUR DIFFERENT WRITING SYSTEMS: TRADITIONAL CHARACTERS, SIMPLIFIED CHARACTERS, PINYIN ROMANIZATION, AND CHINESE PHONETIC ALPHABET (BO PO MO FO). TO SAVE TIME, IT IS RECOMMENDED THAT YOU CHOOSE THE WRITING SYSTEM WHICH YOU ARE MOST FAMILIAR WITH AND **ONLY READ THAT VERSION OF THE QUESTION.**

1. 你非＿＿＿＿＿用功讀書
＿＿＿＿＿通過這次的大考。
   - (A) 要……不可
   - (B) 得……才能
   - (C) 必須……才能
   - (D) 常……才要

1. 你非＿＿＿＿＿用功读书
＿＿＿＿＿通过这次的大考。
   - (A) 要……不可
   - (B) 得……才能
   - (C) 必须……才能
   - (D) 常……才要

1. ㄋㄧ ㄈㄟ ＿＿＿＿＿ ㄩㄥ ㄍㄨㄥ ㄉㄨ ㄕㄨ
＿＿＿＿＿ ㄊㄨㄥ ㄍㄨㄛ ㄓㄜ ㄘ ㄉㄜ ㄉㄚ ㄎㄠ。
   - (A) ㄠ……ㄅㄨ ㄎㄜ
   - (B) ㄉㄟ……ㄘㄞ ㄋㄥ
   - (C) ㄅㄧ ㄒㄩ……ㄘㄞ ㄋㄥ
   - (D) ㄤ……ㄘㄞ ㄠ

1. Nǐ fēi＿＿＿＿＿yònggōng dúshū
＿＿＿＿＿ tōngguò zhècì de dàkǎo。
   - (A) yāo……bùkě
   - (B) děi……cáinéng
   - (C) bìxū……cáinéng
   - (D) cháng……cáiyào

2. 這本書昨天才＿＿＿＿王小民借走。
   - (A) 把
   - (B) 從
   - (C) 被
   - (D) 要

2. 这本书昨天才＿＿＿＿王小民借走。
   - (A) 把
   - (B) 从
   - (C) 被
   - (D) 要

2. ㄓㄜ ㄅㄣ ㄕㄨ ㄗㄨㄛ ㄊㄧㄢ ㄘㄞ ＿＿＿＿ ㄨㄤ ㄒㄧㄠ ㄇㄧㄣ ㄐㄧㄝ ㄗㄡ。
   - (A) ㄅ
   - (B) ㄘㄥ
   - (C) ㄅㄟ
   - (D) ㄠ

2. zhè běn shū zuótiān cái＿＿＿＿
Wáng Xiǎomíng jiè zǒu。
   - (A) bǎ
   - (B) cóng
   - (C) bèi
   - (D) yào

3. 聽說他每天要練三個小時的琴，
　　_____他彈琴彈得那麼美。
(A) 恨不得
(B) 怪不得
(C) 不得怪
(D) 了不得

3. 听说他每天要练三个小时的琴，
　　_____他弹琴弹得那么美。
(A) 恨不得
(B) 怪不得
(C) 不得怪
(D) 了不得

3. ㄊㄧㄥ ㄕㄨㄛ ㄊㄚ ㄇㄟˇ ㄊㄧㄢ ㄧㄠˋ ㄌㄧㄢˋ ㄙㄢ ㄍㄜ˙ ㄒㄧㄠˇ ㄕˊ ㄉㄜ˙ ㄑㄧㄣˊ，
　　_____ ㄊㄚ ㄊㄢˊ ㄑㄧㄣˊ ㄊㄢˊ ㄉㄜ˙ ㄋㄚˋ ㄇㄜ˙ ㄇㄟˇ。
(A) ㄏㄣˋ ㄅㄨˋ ㄉㄜˋ
(B) ㄍㄨㄞˋ ㄅㄨˋ ㄉㄜˊ
(C) ㄅㄨˋ ㄉㄜˊ ㄍㄨㄞˋ
(D) ㄌㄧㄠˇ ㄅㄨˋ ㄉㄜˊ

3. Tīngshuō tā měitiān yào liàn sān ge xiǎoshí de qín, ___tā tánqín tánde nàme měi。
(A) hènbùdè
(B) guàibùdé
(C) bùdéguài
(D) liǎobùdé

4. 不知道為什麼，這個人一直在
校門外_____ 。
(A) 走來走去
(B) 走去走來
(C) 來去走走
(D) 來走去走

4. 不知道为什么，这个人一直在
校门外_____ 。
(A) 走来走去
(B) 走去走来
(C) 来去走走
(D) 来走去走

4. ㄅㄨˋ ㄓ ㄉㄠˋ ㄨㄟˋ ㄕㄣˊ ㄇㄜ˙，ㄓㄜˋ ㄍㄜ˙ ㄖㄣˊ ㄧˋ ㄓˊ ㄗㄞˋ
ㄒㄧㄠˋ ㄇㄣˊ ㄨㄞˋ _____ 。
(A) ㄗㄡˇ ㄌㄞˊ ㄗㄡˇ ㄑㄩˋ
(B) ㄗㄡˇ ㄑㄩˋ ㄗㄡˇ ㄌㄞˊ
(C) ㄌㄞˊ ㄑㄩˋ ㄗㄡˇ ㄗㄡˇ
(D) ㄌㄞˊ ㄗㄡˇ ㄑㄩˋ ㄗㄡˋ

4. Bù zhīdào wèishénme, zhè gè rén yìzhí zài xiàomén wài_____ 。
(A) zǒu lái zǒu qù
(B) zǒu qù zǒu lái
(C) lái qù zǒu zǒu
(D) lái zǒu qù zòu

5. 這種天氣_____是會刮風下雨的。
(A) 看樣子
(B) 很好看
(C) 樣子好
(D) 看得見

5. 这种天气_____是会刮风下雨的。
(A) 看样子
(B) 很好看
(C) 样子好
(D) 看得见

5. ㄓㄜˋ ㄓㄨㄥˇ ㄊㄧㄢ ㄑㄧˋ _____ ㄕˋ ㄏㄨㄟˋ ㄍㄨㄚ ㄈㄥ ㄒㄧㄚˋ ㄩˇ ㄉㄜ˙。
(A) ㄎㄢˋ ㄧㄤˋ ㄗ˙
(B) ㄏㄣˇ ㄏㄠˇ ㄎㄢˋ
(C) ㄧㄤˋ ㄗ˙ ㄏㄠˇ
(D) ㄎㄢˋ ㄉㄜˊ ㄐㄧㄢˋ

5. Zhèzhǒng tiānqì_____shì huì guāfēng xiàyǔde。
(A) kàn yàng zi
(B) hěn hǎo kàn
(C) yàng zi hǎo
(D) kàn dé jiàn

6. 他介紹我去看的那部電影，
　　我去看了，_____很精彩。
　　(A) 突然
　　(B) 必然
　　(C) 果然
　　(D) 竟然

6. 他介绍我去看的那部电影，
　　我去看了，_____很精彩。
　　(A) 突然
　　(B) 必然
　　(C) 果然
　　(D) 竟然

6. ㄊㄚ ㄐㄧㄝˋ ㄕㄠˋ ㄨㄛˇ ㄑㄩˋ ㄎㄢˋ ㄋㄚˋ ㄅㄨˋ ㄉㄧㄢˋ ㄧㄥˇ，
　　ㄨㄛˇ ㄑㄩˋ ㄎㄢˋ ㄌㄜ，_____ ㄏㄣˇ ㄐㄧㄥ ㄘㄞˇ。
　　(A) ㄊㄨˊ ㄖㄢˊ
　　(B) ㄅㄧˋ ㄖㄢˊ
　　(C) ㄍㄨㄛˇ ㄖㄢˊ
　　(D) ㄐㄧㄥˋ ㄖㄢˊ

6. Tā jièshào wǒ qù kànde nàbù diànyǐng
　　wǒ qù kànle, _____ hěn jīngcái。
　　(A) túrán
　　(B) bìrán
　　(C) guǒrán
　　(D) jìngrán

....

7. 這件事看_____容易，
　　做起來就很難了。
　　(A) 下來
　　(B) 上來
　　(C) 起來
　　(D) 去

7. 这件事看_____容易，
　　做起来就很难了。
　　(A) 下来
　　(B) 上来
　　(C) 起来
　　(D) 去

7. ㄓㄜˋ ㄐㄧㄢˋ ㄕˋ ㄎㄢˋ _____ ㄖㄨㄥˊ ㄧˋ，
　　ㄗㄨㄛˋ ㄑㄧˇ ㄌㄞˊ ㄐㄧㄡˋ ㄏㄣˇ ㄋㄢˊ ㄌㄜ。
　　(A) ㄒㄧㄚˋ ㄌㄞˊ
　　(B) ㄕㄤˋ ㄌㄞˊ
　　(C) ㄑㄧˇ ㄌㄞˊ
　　(D) ㄑㄩˋ

7. Zhè jiàn shì kàn_____róngyì，
　　zuò qǐ lái jiù hěn nánle。
　　(A) xiàlái
　　(B) shànglái
　　(C) qǐlái
　　(D) qù

....

8. 昨天才買的糖，全____他給吃光了。
　　(A) 替
　　(B) 叫
　　(C) 請
　　(D) 代

8. 昨天才买的糖，全____他给吃光了。
　　(A) 替
　　(B) 叫
　　(C) 请
　　(D) 代

8. ㄗㄨㄛˊ ㄊㄧㄢ ㄘㄞˊ ㄇㄞˇ ㄉㄜ ㄊㄤˊ，ㄑㄩㄢˊ ____ ㄊㄚ ㄍㄟˇ ㄔ ㄍㄨㄤ ㄌㄜ。
　　(A) ㄊㄧˋ
　　(B) ㄐㄧㄠˋ
　　(C) ㄑㄧㄥˇ
　　(D) ㄉㄞˋ

8. Zuótiān cái mǎide táng, quán _____ tā geǐ chī guāng le。
　　(A) tì
　　(B) jiào
　　(C) qǐng
　　(D) dài

9. 很多人＿＿＿＿＿就出去旅遊了。
   (A) 一放寒假
   (B) 放一寒假
   (C) 寒假一放
   (D) 寒假放一

9. ㄏㄣˇ ㄉㄨㄛ ㄖㄣˊ ＿＿＿＿＿ ㄐㄧㄡˋ ㄔㄨ ㄑㄩˋ ㄌㄩˇ ㄧㄡˊ ˙ㄌㄜ 。
   (A) ㄧˊ ㄈㄤˋ ㄏㄢˊ ㄐㄧㄚˋ
   (B) ㄈㄤˋ ㄧˊ ㄏㄢˊ ㄐㄧㄚˋ
   (C) ㄏㄢˊ ㄐㄧㄚˋ ㄧˊ ㄈㄤˋ
   (D) ㄏㄢˊ ㄐㄧㄚˋ ㄈㄤˋ ㄧ

9. 很多人＿＿＿＿＿就出去旅游了。
   (A) 一放寒假
   (B) 放一寒假
   (C) 寒假一放
   (D) 寒假放一

9. Hén duō rén＿＿＿＿jiù chūqù lǚyóule。
   (A) yí fàng hánjià
   (B) fàng yì hánjià
   (C) hánjià yí fàng
   (D) hánjià fàng yi

---

10. 我的媽媽很能幹＿＿＿要去工作和照顧我們, 週末＿＿要去中文學校教書。
    (A) 因為 ---- 就
    (B) 除去------才
    (C) 不行------就
    (D) 不但------還

10. ㄨㄛˇ ˙ㄉㄜ ㄇㄚ ˙ㄇㄚ ㄏㄣˇ ㄋㄥˊ ㄍㄢˋ ＿＿＿ ㄧㄠˋ ㄑㄩˋ ㄍㄨㄥ ㄗㄨㄛˋ ㄏㄢˋ ㄓㄠˋ ㄍㄨˋ ㄨㄛˇ ˙ㄇㄣ, ㄓㄡ ㄇㄛˋ ＿＿＿ ㄧㄠˋ ㄑㄩˋ ㄓㄨㄥ ㄨㄣˊ ㄒㄩㄝˊ ㄒㄧㄠˋ ㄐㄧㄠ ㄕㄨ 。
    (A) ㄧㄣ ㄨㄟˋ ---- ㄐㄧㄡˋ
    (B) ㄔㄨˊ ㄑㄩˋ ------ ㄘㄞˊ
    (C) ㄅㄨˋ ㄒㄧㄥˊ ------ ㄐㄧㄡˋ
    (D) ㄅㄨˊ ㄉㄢˋ ------ ㄏㄞˊ

10. 我的妈妈很能干＿＿＿要去工作和照顾我们, 周末＿＿要去中文学校教书。
    (A) 因为 ---- 就
    (B) 除去------才
    (C) 不行------就
    (D) 不但------还

10. Wǒde māma hěn nénggàn＿＿＿yào qù gōngzuò hàn zhàogù wǒmen , zhōumò ＿＿＿yàoqù zhōngwén xuéxiào jiāoshū。
    (A) yīnwèi ----jiù
    (B) chúqù------cái
    (C) bùxíng------jiù
    (D) búdàn------hái

---

11. 這個機器人 ＿＿＿＿會說話, ＿＿＿＿還會走路。
    (A) 雖然-----但是
    (B) 不但-----而且
    (C) 因為-----所以
    (D) 既然------如此

11. ㄓㄜˋ ˙ㄍㄜ ㄐㄧ ㄑㄧˋ ㄖㄣˊ ＿＿＿＿ ㄏㄨㄟˋ ㄕㄨㄛ ㄏㄨㄚˋ, ＿＿＿＿ ㄏㄞˊ ㄏㄨㄟˋ ㄗㄡˇ ㄌㄨˋ 。
    (A) ㄙㄨㄟ ㄖㄢˊ ----- ㄉㄢˋ ㄕ
    (B) ㄅㄨˊ ㄉㄢˋ ----- ㄦˊ ㄑㄧㄝˇ
    (C) ㄧㄣ ㄨㄟˋ ----- ㄙㄨㄛˇ ㄧˇ
    (D) ㄐㄧˋ ㄖㄢˊ ----- ㄖㄨˊ ㄘˇ

11. 这个机器人 ＿＿＿＿会说话, ＿＿＿＿还会走路。
    (A) 虽然-----但是
    (B) 不但-----而且
    (C) 因为-----所以
    (D) 既然------如此

11. Zhège jīqìrén＿＿＿huì shuōhuà, ＿＿＿hái huì zǒulù。
    (A) suīrán-----dànshì
    (B) búdàn-----érqiě
    (C) yīnwèi-----suǒyǐ
    (D) jìrán------rúcǐ

12. 每年的感恩節和聖誕節＿＿＿＿＿全家
團聚＿＿＿＿＿＿歡度佳節的日子！
(A) 還是.....分別
(B) 也是.....一共
(C) 不是.....一起
(D) 都是.....共同

12. ㄇㄟ ㄋㄢ ㄉㄜ ㄍ ㄐㄧㄝ ㄏㄢ ㄕㄥ ㄉㄢ ㄐㄧㄝ ＿＿＿＿＿ ㄑㄩㄢ ㄐㄧㄚ
ㄊㄨㄢ ㄐㄩ ＿＿＿＿＿ ㄏㄨㄢ ㄉㄨ ㄐㄧㄚ ㄐㄧㄝ ㄉㄜ ㄖ ㄗ！
(A) ㄏㄞ ㄕ .....ㄈㄣ ㄅㄧㄝ
(B) ㄧㄝ ㄕ .....ㄧ ㄍㄨㄥ
(C) ㄅㄨ ㄕ .....ㄧ ㄑㄧ
(D) ㄉㄡ ㄕ .....ㄍㄨㄥ ㄊㄨㄥ

12. 每年的感恩节和圣诞节＿＿＿＿＿全家
团聚＿＿＿＿＿＿欢度佳节的日子！
(A) 还是.....分别
(B) 也是.....一共
(C) 不是.....一起
(D) 都是.....共同

12. Měi nián de Gǎnēnjié hàn
Shèngdànjié＿＿＿＿＿＿quánjiā tuánjù
＿＿＿＿＿＿huān dù jiājié de rìzi！
(A) háishì. . . . fēnbié
(B) yěshì. . . . yígòng
(C) búshì. . . . yìqǐ
(D) dōushì. . . . gòngtóng

---

13. 李阿姨＿＿＿＿＿＿很有錢，
＿＿＿＿＿她看起來一點也不快樂。
(A) 於是.....好像
(B) 雖然.....但是
(C) 好像.....於是
(D) 但是.....雖然

13. ㄌㄧ ㄚ ㄧ ＿＿＿＿＿＿ ㄏㄣ ㄧㄡ ㄑㄧㄢ，
＿＿＿＿＿ ㄊㄚ ㄎㄢ ㄑㄧ ㄌㄞ ㄧ ㄉㄧㄢ ㄧㄝ ㄅㄨ ㄎㄨㄞ ㄌㄜ。
(A) ㄩ ㄕ .....ㄏㄠ ㄒㄧㄤ
(B) ㄙㄨㄢ ㄉㄢ ㄕ
(C) ㄏㄠ ㄒㄧㄤ .....ㄩ ㄕ
(D) ㄉㄢ ㄕ .....ㄙㄨㄢ

13. 李阿姨＿＿＿＿＿＿很有钱，
＿＿＿＿＿她看起来一点也不快乐。
(A) 于是.....好象
(B) 虽然.....但是
(C) 好象.....于是
(D) 但是.....虽然

13. Lǐ āyí＿＿＿＿＿＿hě yǒu qián，
＿＿＿＿＿＿tā kàn qǐ lái yìdiǎn yě bú kuàile。
(A) yúshì. . . . hǎoxiàng
(B) suīrán. . . . dànshì
(C) hǎoxiàng. . . . yùshì
(D) dànshì. . . . suīrán

---

14. 愛玩的弟弟＿＿＿＿＿＿ 猴子
＿＿＿＿＿＿跳上跳下跑來跑去。
(A) 像...一樣地
(B) 不像...一樣地
(C) 好像...不一樣
(D) 像...不一定

14. ㄞ ㄨㄢ ㄉㄜ ㄉㄧ ㄉㄧ ＿＿＿＿＿ ㄏㄡ ㄗ
＿＿＿＿＿ ㄊㄧㄠ ㄕㄤ ㄊㄧㄠ ㄒㄧㄚ ㄆㄠ ㄌㄞ ㄆㄠ ㄑㄩ。
(A) ㄒㄧㄤ .....ㄧ ㄧㄤ ㄉㄜ
(B) ㄅㄨ ㄒㄧㄤ .....ㄧ ㄧㄤ ㄉㄜ
(C) ㄏㄠ ㄒㄧㄤ .....ㄧ ㄧㄤ
(D) ㄒㄧㄤ .....ㄧ ㄉㄧㄥ

14. 爱玩的弟弟＿＿＿＿＿＿ 猴子
＿＿＿＿＿＿跳上跳下跑来跑去。
(A) 象...一样地
(B) 不象...一样地
(C) 好象...不一样
(D) 象...不一定

14. Aiwán de dìdi＿＿＿＿＿＿hóuzi
＿＿＿＿＿tiàoshàng tiàoxià pǎo lái pǎo qù。
(A) xiàng. . . yíyàngde
(B) bú xiàng. . . yí yàng de
(C) hǎo xiàng. . . bù yí yàng
(D) xiàng. . . bù yídìng

15. _____學會了電腦以後，
我就不再用筆寫信了。
(A) 為了
(B) 自從
(C) 因為
(D) 由於

15. _____学会了电脑以后，
我就不再用笔写信了。
(A) 为了
(B) 自从
(C) 因为
(D) 由于

15. _____ xué huì le diànnǎo yǐhòu,
wǒ jiù búzài yòng bǐ xiě xìn le。
(A) wèile
(B) zìcóng
(C) yīnwèi
(D) yóuyǘ

16. 要是你先打個電話回家，
你爸爸就_____氣得不給你開門。
(A) 不得不
(B) 不得已
(C) 不至於
(D) 不算是

16. 要是你先打个电话回家，
你爸爸就_____气得不给你开门。
(A) 不得不
(B) 不得已
(C) 不至于
(D) 不算是

16. Yào shì nǐ xiān dǎ ge diànhuà huíjiā,
nǐ bàba jiù_____qì de bù gěi nǐ kāimén。
(A) bù de bù
(B) bù dé yǐ
(C) bú zhì yǘ
(D) bú suàn shì

17. 我知道做事要有始有終，
可是_____。
(A) 做不出來
(B) 做不到
(C) 做不下
(D) 做不完

17. 我知道做事要有始有终，
可是_____。
(A) 做不出来
(B) 做不到
(C) 做不下
(D) 做不完

17. Wǒ zhīdào zuòshì yào yǒushǐ
yǒuzhōng，kěshì _____。
(A) zuò bù chū lái
(B) zuò bú dào
(C) zuò bú xià
(D) zuò bù wán

18. 學校圖書館離這兒不遠, 過了前面
    的餐廳, 往右一拐 ____到了。
    (A) 都
    (B) 會
    (C) 就
    (D) 將

18. 学校图书馆离这儿不远, 过了前面
    的餐厅, 往右一拐 ____到了。
    (A) 都
    (B) 会
    (C) 就
    (D) 将

18. ㄒㄩㄝˊㄒㄧㄠˋㄊㄨˊㄕㄨㄍㄨㄢˇㄌㄧˊㄦˋㄅㄨˋㄩㄢˇ,
    ㄍㄨㄛˋㄌㄜˊㄑㄧㄢˊㄇㄧㄢˋㄉㄜˋㄘㄢㄊㄧㄥ ____ㄉㄠˋㄌㄜ。
    (A) ㄉㄡ
    (B) ㄏㄨㄟˋ
    (C) ㄐㄧㄡˋ
    (D) ㄐㄧㄤ

18. Xuéxiào túshūguǎn lí zhèr bù yuǎn,
     guò le qiánmiàn de cāntīng, wǎng yòu yì
     guǎi_____dào le。
     (A) dōu
     (B) huì
     (C) jiù
     (D) jiāng

19. 有關飛機失事的原因警方還在調查,
    本台____隨時播出新聞, 敬請注意收看。
    (A) 將
    (B) 趁
    (C) 於
    (D) 才

19. 有关飞机失事的原因警方还在调查,
    本台____随时播出新闻, 敬请注意收看。
    (A) 将
    (B) 趁
    (C) 于
    (D) 才

19. ㄧㄡˇㄍㄨㄢㄈㄟㄐㄧㄕㄕˋㄉㄜˊㄩㄢˊㄧㄣㄐㄧㄥˇㄈㄤㄏㄞˊㄗㄞˋㄉㄧㄠˋㄔㄚˊ,
    ㄅㄣˇㄊㄞˊ ____ㄙㄨㄟˊㄕˊㄅㄛㄔㄨㄒㄧㄣㄨㄣˊ, ㄐㄧㄥˋㄑㄧㄥˇㄓㄨˋㄧˋㄕㄡㄎㄢˋ。
    (A) ㄐㄧㄤ
    (B) ㄔㄣˋ
    (C) ㄩˊ
    (D) ㄘㄞˊ

19. Yǒuguān fēijī shīshìde yuányīn ,
     jǐngfāng háizài diàochá , běntái____ suíshí
     bōchū xīnwén , jìngqǐng zhùyì shōukàn。
     (A) jiāng
     (B) chèn
     (C) yú
     (D) cái

20. 這部電影真難看,
    _____ 演到一半, 觀眾都走光了。
    (A) 難得
    (B) 難免
    (C) 難道
    (D) 難怪

20. 这部电影真难看,
    _____ 演到一半, 观众都走光了。
    (A) 难得
    (B) 难免
    (C) 难道
    (D) 难怪

20. ㄓㄜˋㄅㄨˋㄉㄧㄢˋㄧㄥˇㄓㄣㄋㄢˊㄎㄢˋ,
    _____ ㄧㄢˇㄉㄠˋㄧˋㄅㄢˋ, ㄍㄨㄢㄓㄨㄥˋㄉㄡㄗㄡˇㄍㄨㄤㄌㄜ。
    (A) ㄋㄢˊㄉㄜ
    (B) ㄋㄢˊㄇㄧㄢˇ
    (C) ㄋㄢˊㄉㄠˋ
    (D) ㄋㄢˊㄍㄨㄞˋ

20. Zhè bù diànyǐng zhēn nánkàn, ____ yǎn
     dào yíbàn, guānzhòng dōu zǒu guāngle。
     (A) nánde
     (B) nánmiǎn
     (C) nándào
     (D) nánguài

21. 出去時，請_____把門關上。
    (A) 隨便
    (B) 順利
    (C) 順手
    (D) 順風

21. 出去时，请_____把门关上。
    (A) 随便
    (B) 顺利
    (C) 顺手
    (D) 顺风

21. ㄔㄨ ㄑㄩ ㄕˊ，ㄑㄧㄥˇ_____ㄅㄚˇ ㄇㄣˊ ㄍㄨㄢ ㄕㄤˋ。
    (A) ㄙㄨㄟˊ ㄅㄧㄢˋ
    (B) ㄕㄨㄣˋ ㄌㄧˋ
    (C) ㄕㄨㄣˋ ㄕㄡˇ
    (D) ㄕㄨㄣˋ ㄈㄥ

21. Chūqù shí，qǐng_____bǎ mén guānshàng。
    (A) suíbiàn
    (B) shùnlì
    (C) shùnshǒu
    (D) shùnfēng

22. _____你喜歡，那麼
就多吃一些吧！
    (A) 好像
    (B) 難免
    (C) 難得
    (D) 難怪

22. _____你喜欢，那么
就多吃一些吧！
    (A) 好象
    (B) 难免
    (C) 难得
    (D) 难怪

22. _____ㄋㄧˇ ㄒㄧˇ ㄏㄨㄢ，ㄋㄚˋ
ㄐㄧㄡˋ ㄉㄨㄛ ㄔ ㄧ ㄒㄧㄝ ㄅㄚ！
    (A) ㄏㄠˇ ㄒㄧㄤ
    (B) ㄋㄢˊ ㄇㄧㄢˇ
    (C) ㄋㄢˊ ㄉㄜˊ
    (D) ㄋㄢˊ ㄍㄨㄞˋ

22. _____ nǐ xǐhuān，nàme jiù duō chī yìxiē ba！
    (A) hǎoxiàng
    (B) nánmiǎn
    (C) nándé
    (D) nánguài

23. 這麼重要的東西，
我_____你應該存放在保險箱裡。
    (A) 認定
    (B) 以後
    (C) 認為
    (D) 想像

23. 这么重要的东西，
我_____你应该存放在保险箱里。
    (A) 认定
    (B) 以后
    (C) 认为
    (D) 想象

23. ㄓㄜˋ ㄇㄜ˙ ㄓㄨㄥˋ ㄧㄠˋ ㄉㄜ˙ ㄉㄨㄥ ㄒㄧ，
ㄨㄛˇ_____ㄋㄧˇ ㄧㄥ ㄍㄞ ㄘㄨㄣˊ ㄈㄤˋ ㄗㄞˋ ㄅㄠˇ ㄒㄧㄢˇ ㄒㄧㄤ ㄌㄧˇ。
    (A) ㄖㄣˋ ㄉㄧㄥˋ
    (B) ㄧˇ ㄏㄡˋ
    (C) ㄖㄣˋ ㄨㄟˊ
    (D) ㄒㄧㄤˇ ㄒㄧㄤˋ

23. Zhème zhòngyào de dōngxi，wǒ _____ nǐ yīnggāi cúnfàng zài bǎoxiǎnxiāng lǐ。
    (A) rèndìng
    (B) yǐhòu
    (C) rènwéi
    (D) xiǎngxiàng

24. _____你不喜歡吃香蕉，
　　又_____買這麼多呢？
　　(A) 既然，何必
　　(B) 如果，不必
　　(C) 既然，總是
　　(D) 如果，那麼

24. _____你不喜欢吃香蕉，
　　又_____买这么多呢？
　　(A) 既然，何必
　　(B) 如果，不必
　　(C) 既然，总是
　　(D) 如果，那么

24. _____ ㄋㄧˇ ㄅㄨˋ ㄒㄧ ㄔ ㄒㄧㄤ ㄐㄧㄠ，
　　ㄧㄡˋ _____ ㄇㄞˇ ㄓㄜˋ ㄇㄛ ㄉㄨㄜ ㄋㄜ？
　　(A) ㄐㄧ ㄖㄢˊ，ㄏㄜˊ ㄅㄧˋ
　　(B) ㄖㄨˊ ㄍㄨㄛˇ，ㄅㄨˋ ㄅㄧˋ
　　(C) ㄐㄧ ㄖㄢˊ，ㄗㄨㄥˇ ㄕˋ
　　(D) ㄖㄨˊ ㄍㄨㄛˇ，ㄋㄚˋ ㄇㄛ

24. _____ nǐ bù xǐhuān chī xiāngjiāo，
　　yòu_____ mǎi zhème duō ne？
　　(A) jìrán, hébì
　　(B) rúguǒ, búbì
　　(C) jìrán, zǒngshì
　　(D) rúguǒ, nàme

....

25. 不管你高興還是不高興，
　　_____我就是不同意你的決定。
　　(A) 反而
　　(B) 還是
　　(C) 反正
　　(D) 還好

25. 不管你高兴还是不高兴，
　　_____我就是不同意你的决定。
　　(A) 反而
　　(B) 还是
　　(C) 反正
　　(D) 还好

25. ㄅㄨˋ ㄍㄨㄢˇ ㄋㄧˇ ㄍㄠ ㄒㄧㄥˋ ㄏㄞˊ ㄕˋ ㄅㄨˋ ㄍㄠ ㄒㄧㄥˋ，
　　_____ ㄨㄛˇ ㄐㄧㄡˋ ㄕˋ ㄅㄨˋ ㄊㄨㄥˊ ㄧˋ ㄋㄧˇ ㄉㄜ ㄐㄩㄝˊ ㄉㄧㄥˋ。
　　(A) ㄈㄢˇ ㄦˊ
　　(B) ㄏㄞˊ ㄕˋ
　　(C) ㄈㄢˇ ㄓㄥˋ
　　(D) ㄏㄞˊ ㄏㄠˇ

25. Bù guǎn nǐ gāoxìng háishì bù gāoxìng，
　　_____ wǒ jiù shì bù tóngyì nǐde juédìng。
　　(A) fǎn'er
　　(B) háishì
　　(C) fǎnzhèng
　　(D) háihǎo

Directions: Read the following selections carefully for comprehension. Each selection is followed by one or more questions or incomplete statements based on its content. Select the answer or completion that is best according to the passage and fill in the corresponding oval on the answer sheet.

THE SECTION OF THE TEST IS PRESENTED IN TWO WRITING SYSTEMS: TRADITIONAL CHARACTERS AND SIMPLIFIED CHARACTERS. AS YOU WORK THROUGH THIS SECTION OF THE TEST , IT IS RECOMMENDED THAT YOU <u>ONLY READ</u> THE WRITING SYSTEM WITH WHICH YOU ARE MOST FAMILIAR WITH.

#1-2

数理化補習
史丹福大學畢業
二十年教學經驗
單人或小組教學均可
請電 408-887-4800

数理化补习
史丹福大学毕业
二十年教学经验
单人或小组教学均可
请电 408-887-4800

1. What subject does the tutor teach?
   (A) English
   (B) History
   (C) Physics
   (D) Geography

2. Which of the following is false
   (A) The teacher graduated in Stanford
   (B) The teacher is younger than 30
   (C) The teacher provides private tutorial
   (D) The teacher provides group tutorial

3-4

博物館開放時間
星期一至星期五：上午十時至下午五時
星期六：上午十時至下午二時
星期日：休息
星期三招待在學學生，持學生証免費入場

博物馆开放时间
星期一至星期五：上午十时至下午五时
星期六：上午十时至下午二时
星期日：休息
星期三招待在学学生，持学生证免费入场

3. This is a notice of
   (A) A library operating hours
   (B) A science fair opening time
   (C) A museum operating hours
   (D) A gymnasium operating hours

4. What is special about Wednesday?
   (A) Longer operating hours
   (B) Shorter operating hours
   (C) Only for students
   (D) Free for students

#5　支持環保,資源回收。

，支持环保,资源回收。

5. The purpose of this sign is
   (A) to conserve water
   (B) to turn off the computer,
   (C) to recycle
   (D) to save energy

6-7

大保市交響樂團招考新團員
報名專線：1-800-345-1234
招考日期：即日起到5月底

大保市交响乐团招考新团员
报名专线：1-800-345-1234
招考日期：即日起到5月底

6. This is
   (A) an advertisement for orchestral members
   (B) a special concert
   (C) a job posting for a orchestral manager
   (D) an exit examination

7. When is the deadline?
   (A) May 1st
   (B) May 15th
   (C) May 31st
   (D) There's no deadline.

美國兒童最喜歡的是芭比娃娃？超人？電子遊戲？都不是，是互聯網。
美國兒童已把上網成為生活的一部份，他們上網的主要目的是收集資料。其他活動還包括聊天，網絡遊戲，交友等。

美国儿童最喜欢的是芭比娃娃？超人？电子游戏？都不是，是互联网。
美国儿童已把上网成为生活的一部份，他们上网的主要目的是收集资料。其他活动还包括聊天，网络游戏，交友等。

8. According to the article, the most popular thing among American kids nowadays is
    (A) Barbie model
    (B) Superman idol
    (C) Internet
    (D) Electronic games

9. Their main purpose of using the internet is:
    (A) Making friends
    (B) Playing internet games
    (C) Research information
    (D) Chatting

表演團： 中國東方歌舞團
時間： 12 月 9 號 星期六 晚上 7 點
地點：中國城 340 號
票價： $38, $48, $58, $68, $78, $88, $128(VIP)
團體票優惠：15 人以上，請先電洽 1-888-9-YESBUY，可享折扣

表演团： 中国东方歌舞团
时间： 12 月 9 号 星期六 晚上 7 点
地点：中国城 340 号
票价： $38, $48, $58, $68, $78, $88, $128(VIP)
团体票优惠：15 人以上，请先电洽 1-888-9-YESBUY，可享折扣

10. This is an ad for
    (A) a movie
    (B) a show
    (C) a memorial exhibition
    (D) an opera

11. How many people will qualify for group discount?
    (A) 7 and above
    (B) 9 and above
    (C) 12 and above
    (D) 15 and above

12. If you want to get group discount, what do you need to do first?
    (A) buy tickets first
    (B) choose seats first
    (C) call first
    (D) go there directly

13

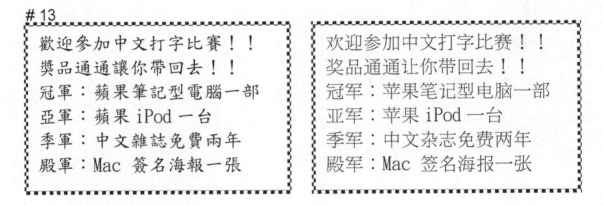

13. What is the ad for?
    (A) an Apple products show
    (B) a Chinese typing contest
    (C) a Chinese magazine for free
    (D) a concert

14

本店只收现金和支票，不收信用卡

本店只收现金和支票，不收信用卡

14. What does this sign mean?
    (A) the store only accepts credit cards
    (B) the store only accepts cash
    (C) the store accepts credit cards and checks
    (D) the store accepts cash and checks

15

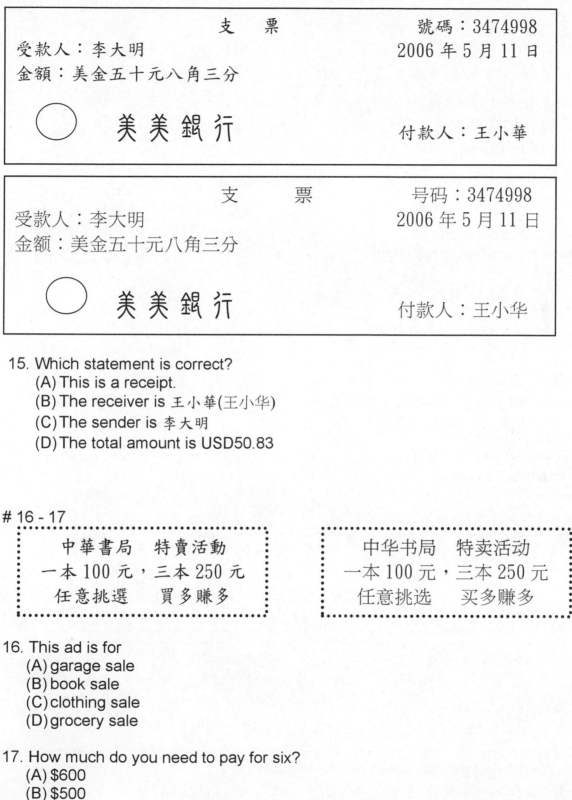

15. Which statement is correct?
    (A) This is a receipt.
    (B) The receiver is 王小華(王小华)
    (C) The sender is 李大明
    (D) The total amount is USD50.83

16 - 17

中華書局　特賣活動
一本 100 元，三本 250 元
任意挑選　買多賺多

中华书局　特卖活动
一本 100 元，三本 250 元
任意挑选　买多赚多

16. This ad is for
    (A) garage sale
    (B) book sale
    (C) clothing sale
    (D) grocery sale

17. How much do you need to pay for six?
    (A) $600
    (B) $500
    (C) $400
    (D) $300

18 - 20

文具店
誠徵半職員工，學生兼職最佳，
只需上班六小時，需中英文流利
並能操作電腦，無經驗可
意者請將履歷電郵至
servie@yahoo. com

文具店
诚征半职员工，学生兼职最佳，
只需上班六小时，需中英文流利
并能操作电脑，无经验可
意者请将履历电邮至
servie@yahoo. com

18. What is the basic requirement for all applicants?
    (A) must be a student
    (B) must work full time
    (C) must have computer skill
    (D) must have working experience

19. How long is the working hour?
    (A) half day
    (B) 5 hours
    (C) 6 hours
    (D) 8 hours

20. What should you do to apply for this job?
    (A) call to make an appointment
    (B) visit the website
    (C) fax your contact infomation
    (D) e-mail your resume

21

「2006 臺北國際牛肉麵節」邀請全國民眾一起參與，牛肉麵人氣店選拔票投從即日起至
95 年 10 月 3 日止（以郵戳為憑），除了中國時報獨家刊載選票以外，民眾亦可上網投
票，同時台北市政府將免費發放 3 萬本「2006 臺北國際牛肉麵節活動手冊」，除了活動
說明、競賽規則、嘉年華等相關介紹外，裡面也提供選票供民眾剪下使用。

「2006 台北国际牛肉面节」邀请全国民众一起参与，牛肉面人气店选拔票投从即日起至
95 年 10 月 3 日止（以邮戳为凭），除了中国时报独家刊载选票以外，民众亦可上网投
票，同时台北市政府将免费发放 3 万本「2006 台北国际牛肉面节活动手册」，除了活动
说明、竞赛规则、嘉年华等相关介绍外，里面也提供选票供民众剪下使用。

21. What kind of voting method was not mentioned?
    (A) Online
    (B) Telephone call in
    (C) Mail in form from newspaper print out
    (D) Mail in form from the handbook provided by the government

22. What does it mean?
    (A) Different lines
    (B) Dancing style
    (C) Volleyball
    (D) Ranking

22

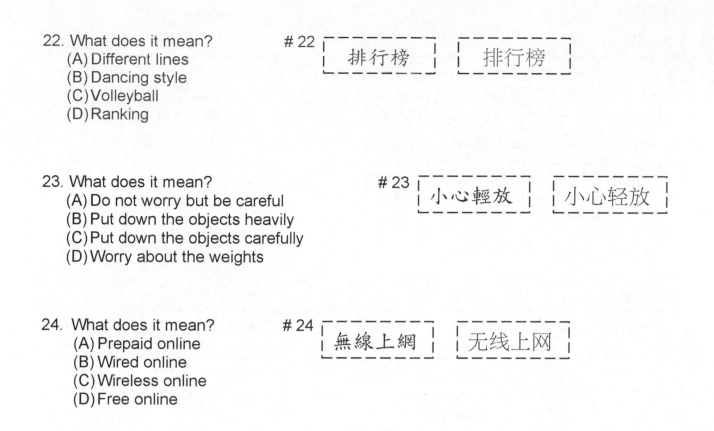

排行榜   排行榜

23. What does it mean?
    (A) Do not worry but be careful
    (B) Put down the objects heavily
    (C) Put down the objects carefully
    (D) Worry about the weights

23

小心輕放   小心轻放

24. What does it mean?
    (A) Prepaid online
    (B) Wired online
    (C) Wireless online
    (D) Free online

24

無線上網   无线上网

25 - 26

著名的夏威夷位在太平洋中央。全年氣候宜人，因位處熱帶邊緣，讓夏威夷全年只有「夏」、「冬」兩個季節。夏季白天平均最高溫度約為 29℃，冬季則為 26℃，優厚的地理、氣候與當地人熱情溫馨的待客之道也讓夏威夷成為世界著名的度假勝地。

著名的夏威夷位在太平洋中央。全年气候宜人，因位处热带边缘，让夏威夷全年只有「夏」、「冬」两个季节。夏季白天平均最高温度约为 29℃，冬季则为 26℃，优厚的地理、气候与当地人热情温馨的待客之道也让夏威夷成为世界著名的度假胜地。

25. Hawaii only has two seasons in a year, which are:
    (A) Spring and winter
    (B) Spring and summer
    (C) Fall and winter
    (D) Summer and winter

26. The average summer day time's temperature in Hawaii is:
    (A) 26℃
    (B) 29℃
    (C) 28℃
    (D) Didn't mention

27

交通部為服務來華旅客，於國際機場入境迎客大廳設有旅客服務中心。因應旅客個別需求之不同，專業人員以面對面方式提供中，英，日，德，法語等服務。

交通部为服务来华旅客，于国际机场入境迎客大厅设有旅客服务中心。因应旅客个别需求之不同，专业人员以面对面方式提供中，英，日，德，法语等服务。

27. What language translation service is not provided?
   (A) English
   (B) German
   (C) French
   (D) Vietnamese

28 - 29

汽車收購　高價收購各式汽車　免費至府上估價　現金付款　1-800-306-7888

汽车收购　高价收购各式汽车　免费至府上估价　现金付款　1-800-306-7888

28. The purpose of this advertisement is
   (A) to lease cars
   (B) to sell cars
   (C) to buy cars
   (D) to rent cars

29. The dealer offers
   (A) cash payment
   (B) door to door delivery
   (C) first month free of charge
   (D) cash rebate

30

一年一度秋季烤肉活動訂於10月22日(星期六)12點-4點舉行.詳情參閱9月30日矽谷通訊.煩請各班家長代表,通知班上家長,鼓勵大家報名參加.報名購票於10月14日截止.

一年一度秋季烤肉活动订于10月22日(星期六)12点-4点举行.详情参阅9月30日矽谷通讯.烦请各班家长代表,通知班上家长,鼓励大家报名参加.报名购票于10月14日截止.

30. The deadline to purchase the event ticket is
   (A) September 30
   (B) October 7
   (C) October 14
   (D) October 22

SAT II 中文模擬試題（第四套）
Section I : Listening Comprehension

Listening Part A

Directions: In this part of the test you will hear short questions, statements, or exchanges in Mandarin Chinese, followed by three responses designated (A), (B), (C) and (D). You will hear the statements or questions, and responses, only once and they are not printed in your test booklet; therefore, you must listen very carefully. Select the best response and fill in the corresponding oval on your answer sheet. You will have 15 seconds to answer each question.

Question 1   (A)   (B)   (C)   (D)

Question 2   (A)   (B)   (C)   (D)

Question 3   (A)   (B)   (C)   (D)

Question 4   (A)   (B)   (C)   (D)

Question 5   (A)   (B)   (C)   (D)

Question 6   (A)   (B)   (C)   (D)

Question 7   (A)   (B)   (C)   (D)

Question 8   (A)   (B)   (C)   (D)

Question 9   (A)   (B)   (C)   (D)

Question 10   (A)   (B)   (C)   (D)

Question 11   (A)   (B)   (C)   (D)

Question 12   (A)   (B)   (C)   (D)

Question 13   (A)   (B)   (C)   (D)

Question 14   (A)   (B)   (C)   (D)

Question 15   (A)   (B)   (C)   (D)

Listening Part B

Directions: You will now hear a series of short selections. You will hear them <u>only once</u> and they are not printed in your test booklet. After each selection, you will be asked one or more questions about what you have just heard. These questions, with four possible answers, are printed in your test booklet. Select the best answer to each question from the four choices given and fill in the corresponding oval on your answer sheet. You will have 15 seconds to answer each question.

Question 16
What do you think the woman will say next?
(A) I hope you can marry me.
(B) My dad just bought me a bike, which was really cool.
(C) Let's go have a drink together.
(D) No problem. I can pick you up and give you a ride then.

Question 17
The woman
(A) passed her math exam but the grade was not satisfying.
(B) is going to flunk her math course this semester.
(C) wants the man to be her math tutor.
(D) needs to find someone immediately to help with her math.

Question 18
Both the man and the woman
(A) have been to Italy before.
(B) are going to Italy next year.
(C) are going to have a business trip in Italy.
(D) want to have a trip to Italy together.

Question 19
What is the woman's reaction toward the news?
(A) She decides this is such a bad news to her.
(B) She is so angry that she didn't receive the invitation card.
(C) She is so surprised that her friend got married.
(D) She can't believe that her friend is going to get married.

Question 20
What is she trying to point out?
(A) She owns a car.
(B) She drives to work.
(C) She agrees that the traffic is too heavy, too.
(D) The man goes to work by subway.

Question 21
What does she think about Chen's class ?
(A) very difficult
(B) very easy
(C) very boring
(D) very interesting

Question 22
What is she trying to say?
(A) She does not like the sweater she wears today.
(B) She should bring her jacket with her.
(C) Today is too hot to wear the sweater。
(D) The man should wear his jacket because it is cold.

Question 23
The girl has which of the following negative impression of Taiwan?
(A) Traffic
(B) Food
(C) Night markets
(D) Scenery

Question 24
Which sport isn't the man good at?
(A) Volleyball
(B) Basketball
(C) Swimming
(D) Badminton

Question 25
When does he need to take it?
(A) Before dinners
(B) After dinners
(C) Before meals
(D) After meals

Question 26
What does he want to do?
(A) play games
(B) draw graphic
(C) type Chinese
(D) learn computer

Question 27
They are talking about
(A) Movie
(B) Ball
(C) Game
(D) Play

Question 28
(A) He was applying driver license.
(B) He passed the road test.
(C) He got a ticket for speeding.
(D) He was buying a car.

Question 29
(A) They are in the school.
(B) They are in a restaurant.
(C) They are in the supermarket.
(D) They are in a park.

Question 30
The weather is
(A) Very cold
(B) Very hot
(C) Sometime is hot and cold during that same day
(D) It is rainy now

Listening Part A

Directions: In this part of the test you will hear short questions, statements, or exchanges in Mandarin Chinese, followed by three responses designated (A), (B), (C) and (D). You will hear the statements or questions, and responses, only once and they are not printed in your test booklet; therefore, you must listen very carefully. Select the best response and fill in the corresponding oval on your answer sheet. You will have 15 seconds to answer each question.

Question 1
我是昨天才搬進學校宿舍的，你呢？
(A) 宿舍裡沒有熱水，冬天洗澡很不方便。
(B) 那就要看明天天氣怎麼樣了。
(C) 我搬進來的時候，你已經睡著了。
(D) 我已經和朋友約好，要去找教授了。

Question 2
她最近老是肚子痛，吃不下飯。
(A) 是誰喝了我的咳嗽藥水？
(B) 她快要生了嗎？
(C) 她肚子太大了，少吃點兒吧。
(D) 我們帶她去看個醫生吧。

Question 3
學校離書店不太遠，從這兒向左一拐就到了。
(A) 書店裡什麼都賣，就是不賣地圖。
(B) 學校附近書店賣的書都很貴。
(C) 你家離學校真遠，我改天再去吧。
(D) 要是找不到，我會給你打電話。

Question 4
今天天氣不錯，我們別看書了。
(A) 我打算後天和朋友一起去爬山。
(B) 那你想去哪兒玩兒呢？
(C) 我已經看了一個晚上的書了。
(D) 我看書的時候，你在做什麼？

Question 5
你現在要去逛書店嗎？
(A) 我不太喜歡聽音樂。
(B) 不，我現在要去上中文課。
(C) 下午我在家寫功課。
(D) 這本書我看過了。

Question 6
我下午想去游泳，你呢？
(A) 好啊！幾點鐘？
(B) 我明天要去同學家玩。
(C) 我只會游蛙式。
(D) 游泳是不錯的運動。

Question 7
你吃過晚飯了嗎？我們一塊去吃吧！
(A) 我等會兒還要寫功課，下次再和你一起去。
(B) 我吃過午飯了。
(C) 中餐和西餐都不錯，我都喜歡。
(D) 這家店的牛排太貴了。

Question 8
這本書你是從哪兒借的？我也想看看。
(A) 我不喜歡這本書，太無聊了。
(B) 我從圖書館借的，快到期了，你要我續借嗎？
(C) 這本書的作者很有名。
(D) 我從來沒看過這本書。

Question 9
你的手提電腦多少錢？
(A) 在美國買的。
(B) 二百三十五元。
(C) 黑色和白色的。
(D) 很漂亮吧！

Question 10
星期一是戰爭紀念日，你打算做甚麼？
(A) 我可能去露營。
(B) 我喜歡克林頓。
(C) 他的哥哥在伊拉克應該沒有問題。
(D) 我愛星期一。

Question 11
你弟弟的賽跑比賽結果如何?
(A) 我的老師也愛跑步。
(B) 他在綁鞋帶。
(C) 他表現良好已經進入決賽了。
(D) 他在喝水。

Question 12
他邀請大家明天晚上一起到他家參加他的生日會,你要不要去?
(A) 我今天可能會去。
(B) 我明天沒有空。
(C) 他自己不想去。
(D) 我的生日還沒到呢!

Question 13
今年的天氣很奇怪,忽冷忽熱真叫人受不了
(A) 我也有同感。
(B) 我不喜歡 。
(C) 我不想去!
(D) 今天下雨了

Question 14
早知道應該聽聽媽媽的話,小時候就應該學中文。
(A) 媽媽叫我要聽話。
(B) 媽媽在學校教中文。
(C) 媽媽從小就叫我學中文。
(D) 我從小就喜歡上中文課

Question 15
哥哥上大學後,家裏的房子突然覺得好大啊!
(A) 我們家房子好大
(B) 他想找房子。
(C) 哥哥現在不住家裏。
(D) 他家很大

Listening Part B

Directions: You will now hear a series of short selections. You will hear them <u>only once</u> and they are not printed in your test booklet. After each selection, you will be asked one or more questions about what you have just heard. These questions, with four possible answers, are printed in your test booklet. Select the best answer to each question from the four choices given and fill in the corresponding oval on your answer sheet. You will have 15 seconds to answer each question.

Question 16
女: 我真的非常希望你下個禮拜五能來參加我的畢業舞會,你願意當我的舞伴嗎?
男: 好是好,可是我不知道該穿什麼衣服。
女: 沒問題,我一定會幫你想辦法的,只要你能來就好了。
男: 對了,我也沒有車,妳也可以幫我想想辦法嗎?

Question 17
女: 我前天的經濟學考試拿了滿分,可是數學沒及格。
男: 這樣不是會影響你的學期總成績嗎?
女: 是啊,我得趕緊找個老師補習補習。你有沒有認識什麼人,可以幫我介紹一下?

Question 18
男: 你去過義大利嗎?。
女: 明年五月我要去那兒開會。怎麼樣? 你去過嗎?
男: 我明年暑假一結完婚就要去那兒度蜜月。
女: 是嗎? 真好!

Question 19
男: 珍珍要結婚了!
女: 開玩笑! 她連一個男朋友都沒有,怎麼結婚啊?
男: 我昨天收到了她的喜帖,對方姓張,日期是下個月五號。
女: 不可能!我現在就打電話去問她。

Question 20
男: 我每天早上提早 2 小時開車上班,因為交通非常擁擠。
女: 你真是太辛苦了。
男: 你都如何來上班呢?
女: 如果乘地下鐵,就不需要擔心交通問題。所以我從來不開車來上班。

Question 21
男：你以前修過陳老師的課是嗎？
女：是啊！我去年修過了。
男：你認為如何？
女：我總是在上課前先喝兩杯咖啡，以免上課打瞌睡。

Question 22
男：你的毛衣看起來很溫暖。
女：是啊！但是我希望今天出門時有多穿一件外套。

Question 23
男：聽說你去過臺灣？
女：是啊，我去年暑假回臺灣去看外婆。
男：妳對臺北的印象如何呢？
女：臺灣的風景優美，小吃很不錯，夜市很熱鬧，就是交通太擁擠了。

Question 24
女生：聽說你平時很喜歡運動。
男生：是啊！打籃球和排球是我的興趣，但說到游泳，我可就不行了。
女生：下星期你有空的話，教我打籃球好嗎？
男生：沒問題

Question 25
醫生:哪裡不舒服？
病人:我咳嗽，流鼻水，還有一點發燒。
醫生:你拿這藥單去藥局拿藥，記著要每餐飯後服用。
病人:謝謝您！

Question 26
男:你可以幫我安裝這軟體嗎？
女:沒問題，小事一樁。
男:這軟體裝好後，我就可以打中文了嗎？
女:對！可以打中文。

Question 27

男: 我想這部電影一定很好看，因為它得了這麼多獎。

女: 那也不一定，有些影片雖然沒有得獎，但觀眾的反應卻很好。

男: 你說得很有道理。

女: 所以，我一點也不相信得獎的意義。

Question 28

男: 昨天我去考駕駛執照筆試。

女: 難嗎？

男: 筆試比較簡單。

女: 等你下次路考的時候告訴我,我也一起去

Question 29

男: 小姐，你今天想點什麼菜？

女: 你們有什麼特價菜嗎？

男: 今天東坡肉不錯又特價。

女: 好吧，就來一客東坡肉吧!

Question 30

男: 最近的天氣忽冷忽熱的，真不知道要怎麼穿衣服才好。

女: 是呀!穿多了會熱，穿少了又會冷!

男: 我們只好在出門前，先聽一下氣象預報再出門。

女: 那也只好如此了!

Section II：Grammar

Directions: This section consists of a number of incomplete statements, each of which has four suggested completions. Select the word or phrase that best completes the sentence structurally and logically. Please fill in the corresponding oval on the answer sheet.

THE QUESTIONS ARE PRESENTED IN FOUR DIFFERENT WRITING SYSTEMS: TRADITIONAL CHARACTERS, SIMPLIFIED CHARACTERS, PINYIN ROMANIZATION, AND CHINESE PHONETIC ALPHABET (BO PO MO FO). TO SAVE TIME, IT IS RECOMMENDED THAT YOU CHOOSE THE WRITING SYSTEM WHICH YOU ARE MOST FAMILIAR WITH AND **ONLY READ THAT VERSION OF THE QUESTION.**

1. 不要聽他胡說八道，＿＿＿＿沒有這回事。
   - (A) 基本
   - (B) 那本
   - (C) 版本
   - (D) 根本

1. 不要听他胡说八道，＿＿＿没有这回事。
   - (A) 基本
   - (B) 那本
   - (C) 版本
   - (D) 根本

1. ㄅㄨˊ ㄧㄠˋ ㄊㄧㄥ ㄊㄚ ㄏㄨˊ ㄕㄨㄛ ㄅㄚ ㄉㄠˋ，＿＿＿ ㄇㄟˊ ㄧㄡˇ ㄓㄜˋ ㄏㄨㄟˊ ㄕˋ。
   - (A) ㄐㄧ ㄅㄣˇ
   - (B) ㄋㄚˋ ㄅㄣˇ
   - (C) ㄅㄢˇ ㄅㄣˇ
   - (D) ㄍㄣ ㄅㄣˇ

1. Bú yào tīng tā hú shuō bā dào, ＿＿＿＿ méiyǒu zhè huí shì。
   - (A) jīběn
   - (B) nàběn
   - (C) bǎnběn
   - (D) gēnběn ⃝

2. 知道你要回家吃晚飯，媽媽＿＿＿＿做了你最愛吃的那道菜。
   - (A) 特地
   - (B) 特殊
   - (C) 特色
   - (D) 特使

2. 知道你要回家吃晚饭，妈妈＿＿＿＿做了你最爱吃的那道菜。
   - (A) 特地
   - (B) 特殊
   - (C) 特色
   - (D) 特使

2. ㄓ ㄉㄠˋ ㄋㄧˇ ㄧㄠˋ ㄏㄨㄟˊ ㄐㄧㄚ ㄔ ㄨㄢˇ ㄈㄢˋ，ㄇㄚ ㄇㄚ ＿＿＿ ㄗㄨㄛˋ ㄌㄜ ㄋㄧˇ ㄗㄨㄟˋ ㄞˋ ㄔ ㄉㄜ˙ ㄋㄚˋ ㄉㄠˋ ㄘㄞˋ。
   - (A) ㄊㄜˋ ㄉㄧˋ
   - (B) ㄊㄜˋ ㄕㄨ
   - (C) ㄊㄜˋ ㄙㄜˋ
   - (D) ㄊㄜˋ ㄕˇ

2. Zhīdào nǐ yào huíjiā chī wǎnfàn, māma ＿＿＿＿ zuò le nǐ zuì'ài chī de nà dào cài。
   - (A) tèdì ⃝
   - (B) tèshū
   - (C) tèsè
   - (D) tèshǐ

3. 這個植物園很大，種了很多
   叫＿＿＿名字的花木。
   (A) 不出
   (B) 不去
   (C) 不缺
   (D) 不動

3. ㄓㄜˋ ㄍㄜ˙ ㄓㄨˋ ㄨˋ ㄩㄢˊ ㄏㄣˇ ㄉㄚˋ，ㄓㄨㄥˋ ㄌㄜ˙ ㄏㄣˇ ㄉㄨㄛ
   ㄐㄧㄠˋ ＿＿＿ ㄇㄧㄥˊ ㄗˋ ㄉㄜ˙ ㄏㄨㄚ ㄇㄨˋ。
   (A) ㄅㄨˋ ㄔㄨ
   (B) ㄅㄨˋ ㄑㄩˋ
   (C) ㄅㄨˋ ㄑㄩㄝ
   (D) ㄅㄨˋ ㄉㄨㄥˋ

3. 这个植物园很大，种了很多
   叫＿＿＿名字的花木。
   (A) 不出
   (B) 不去
   (C) 不缺
   (D) 不动

3. Zhège zhíwùyuán hěndà, zhòngle
   hěnduō jiào＿＿＿ míngzi de huāmù。
   (A) bùchū
   (B) búqù
   (C) bùquē
   (D) búdòng

4. 我＿＿＿我的手機號碼留給老師了。
   (A) 被
   (B) 替
   (C) 把
   (D) 叫

4. ㄨㄛˇ ＿＿＿ ㄨㄛˇ ㄉㄜ˙ ㄕㄡˇ ㄐㄧ ㄏㄠˋ ㄇㄚˇ ㄌㄧㄡˊ ㄍㄟˇ ㄌㄠˇ ㄕ ㄌㄜ˙。
   (A) ㄅㄟˋ
   (B) ㄊㄧˋ
   (C) ㄅㄚˇ
   (D) ㄐㄧㄠˋ

4. 我＿＿＿我的手机号码留给老师了。
   (A) 被
   (B) 替
   (C) 把
   (D) 叫

4. Wǒ ＿＿＿ wǒde shǒujī hàomǎ líu gěi
   lǎoshī le。
   (A) bèi
   (B) tì
   (C) bǎ
   (D) jiào

5. 從小到大，弟弟＿＿＿是個傑出
   的運動員。
   (A) 從來
   (B) 一直
   (C) 一面
   (D) 從今

5. ㄘㄨㄥˊ ㄒㄧㄠˇ ㄉㄠˋ ㄉㄚˋ，ㄉㄧˋ ㄉㄧ˙ ＿＿＿ ㄕˋ ㄍㄜ˙ ㄐㄧㄝˊ ㄔㄨ
   ㄉㄜ˙ ㄩㄣˋ ㄉㄨㄥˋ ㄩㄢˊ。
   (A) ㄘㄨㄥˊ ㄌㄞˊ
   (B) ㄧ ㄓˊ
   (C) ㄧˊ ㄇㄧㄢˋ
   (D) ㄘㄨㄥˊ ㄐㄧㄣ

5. 从小到大，弟弟＿＿＿是个杰出
   的运动员。
   (A) 从来
   (B) 一直
   (C) 一面
   (D) 从今

5. Cóng xiǎo dào dà, dìdi＿＿＿shìge jiéchù
   de yùndòngyuán。
   (A) cónglái
   (B) yìzhí
   (C) yímiàn
   (D) cóngjīn

6. 你_____没想到他的口才那麼好。
   (A) 可怕
   (B) 害怕
   (C) 不怕
   (D) 恐怕

6. 你_____没想到他的口才那么好。
   (A) 可怕
   (B) 害怕
   (C) 不怕
   (D) 恐怕 ⟲

6. ㄋㄧˇ _____ ㄇㄟˊ ㄒㄧㄤˇ ㄉㄠˋ ㄊㄚ ㄉㄜ ㄎㄡˇ ㄘㄞˊ ㄋㄚˋ ㄇㄜ ㄏㄠˇ。
   (A) ㄎㄜˇ ㄆㄚˋ
   (B) ㄏㄞˋ ㄆㄚˋ
   (C) ㄅㄨˊ ㄆㄚˋ
   (D) ㄎㄨㄥˇ ㄆㄚˋ

6. Nǐ____méi xiǎngdào tāde kǒucái nàme hǎo。
   (A) kěpà
   (B) hàipà
   (C) búpà
   (D) kǒngpà

....

7. 科技發展太快，不努力學習
   就會_____時代。
   (A) 跟得上
   (B) 跟不上
   (C) 跟不下
   (D) 跟得下

7. 科技发展太快，不努力学习
   就会_____时代。
   (A) 跟得上
   (B) 跟不上 ⟲
   (C) 跟不下
   (D) 跟得下

7. ㄎㄜ ㄐㄧˋ ㄈㄚ ㄓㄢˇ ㄊㄞˋ ㄎㄨㄞˋ，ㄅㄨˋ ㄋㄨˇ ㄌㄧˋ ㄒㄩㄝˊ ㄒㄧ ㄐㄧㄡˋ ㄏㄨㄟˋ _____ ㄕˊ ㄉㄞˋ。
   (A) ㄍㄣ ㄉㄜ ㄕㄤˋ
   (B) ㄍㄣ ㄆㄨˋ ㄕㄤˋ
   (C) ㄍㄣ ㄆㄨˋ ㄒㄧㄚˋ
   (D) ㄍㄣ ㄉㄜ ㄒㄧㄚˋ

7. Kējì fāzhǎn tàikuài，bù nǔlì xuéxí jiùhuì _____ shídài。
   (A) gēn de shàng
   (B) gēn bú shàng
   (C) gēn bú xià
   (D) gēn dé xià

....

8. 他從小就立志，長大以後
   要_____記者。
   (A) 當
   (B) 給
   (C) 叫
   (D) 代

8. 他从小就立志，长大以后
   要_____记者。
   (A) 当 ⟲
   (B) 给
   (C) 叫
   (D) 代

8. ㄊㄚ ㄘㄨㄥˊ ㄒㄧㄠˇ ㄐㄧㄡˋ ㄌㄧˋ ㄓˋ，ㄓㄤˇ ㄉㄚˋ ㄧˇ ㄏㄡˋ ㄧㄠˋ _____ ㄐㄧˋ ㄓㄜˇ。
   (A) ㄉㄤ
   (B) ㄍㄟˇ
   (C) ㄐㄧㄠˋ
   (D) ㄉㄞˋ

8. Tā cóngxiǎo jiù lìzhì，zhǎngdà yǐhòu yào_____ jìzhě。
   (A) dāng
   (B) gěi
   (C) jiào
   (D) dài

9. 人們_____用語言_____，
還可以用文字來表達意見。
- (A) 除了-----以外
- (B) 不但-----反而
- (C) 既然-----反正
- (D) 除去-----之後

9. 人们_____用语言_____，
还可以用文字来表达意见。
- (A) 除了-----以外 ✓
- (B) 不但-----反而
- (C) 既然-----反正
- (D) 除去-----之后

9. ㄖㄣˊㄇㄣ _____ ㄩㄥˋ ㄩˇㄧㄢˊ _____，
ㄏㄞˊ ㄎㄜˇ ㄧˇ ㄩㄥˋ ㄨㄣˊ ㄗˋ ㄌㄞˊ ㄅㄧㄠˇ ㄉㄚˊ ㄧˋ ㄐㄧㄢˋ。
- (A) ㄔㄨˊ ㄌㄜ ----- ㄧˇ ㄨㄞˋ
- (B) ㄅㄨˋ ㄉㄢˋ ----- ㄈㄢˇ ㄦˊ
- (C) ㄐㄧˋ ㄖㄢˊ ----- ㄈㄢˇ ㄓㄥˋ
- (D) ㄔㄨˊ ㄑㄩˋ ----- ㄓ ㄏㄡˋ

9. Rénmen _____ yòng yǔyán_____,
hái kěyǐ yòng wénzì lái biǎodá yìjiàn.
- (A) Chúle------yǐwài
- (B) búdàn------fǎnér
- (C) jìrán------fǎzhèng
- (D) chúqù------zhīhòu

10. 我寫了很久，_____把這封
中文信寫完了。
- (A) 終身
- (B) 等於
- (C) 於是
- (D) 終於

10. 我写了很久，_____把这封
中文信写完了。
- (A) 终身
- (B) 等于
- (C) 于是
- (D) 终于

10. ㄨㄛˇ ㄒㄧㄝˇ ㄌㄜ ㄏㄣˇ ㄐㄧㄡˇ，_____ ㄅㄚˇ ㄓㄜˋ ㄈㄥ
ㄓㄨㄥ ㄨㄣˊ ㄒㄧㄣˋ ㄒㄧㄝˇ ㄨㄢˊ ㄌㄜ。
- (A) ㄓㄨㄥ ㄕㄣ
- (B) ㄉㄥˇ ㄩˊ
- (C) ㄩˊ ㄕˋ
- (D) ㄓㄨㄥ ㄩˊ

10. Wǒ xiě le hěnjiǔ, _____ bǎ zhèfēng
zhōngwénxìn xiě wán le.
- (A) zhōngshēn
- (B) děngyú
- (C) yúshì
- (D) zhōngyú

11. 小妹妹_____大叫一聲，
_____大家嚇了一跳。
- (A) 雖然.....但
- (B) 就是.....把
- (C) 自然....要
- (D) 忽然.....把

11. 小妹妹_____大叫一声，
_____大家吓了一跳。
- (A) 虽然.....但
- (B) 就是.....把
- (C) 自然....要
- (D) 忽然.....把 ✓

11. ㄒㄧㄠˇ ㄇㄟˋ ㄇㄟ _____ ㄉㄚˋ ㄐㄧㄠˋ ㄧˋ ㄕㄥ，
_____ ㄉㄚˋ ㄐㄧㄚ ㄒㄧㄚˋ ㄌㄜ ㄧˋ ㄊㄧㄠˋ。
- (A) ㄙㄨㄟ ㄖㄢˊ ...... ㄉㄢˋ
- (B) ㄐㄧㄡˋ ㄕˋ ...... ㄅㄚˇ
- (C) ㄗˋ ㄖㄢˊ ...... ㄧㄠˋ
- (D) ㄏㄨ ㄖㄢˊ ...... ㄅㄚˇ

11. Xiǎo mèimei_____dà jiào yì shēng,
_____ dàjiā xià le yí tiào.
- (A) suīrán......dàn
- (B) jiùshì.....bǎ
- (C) zìrán....yào
- (D) hūrán.....bǎ

12. 妹妹＿＿＿在學校住了半年，
她＿＿＿＿＿＿搬回家了。
(A) 只．．．可是
(B) 想．．．可以
(C) 才．．．就想
(D) 要．．．於是

12. 妹妹＿＿＿在学校住了半年，
她＿＿＿＿＿＿搬回家了。
(Ⓐ) 只．．．可是
(B) 想．．．可以
(C) 才．．．就想
(D) 要．．．于是

12. ㄇㄟ ㄇㄟ ＿＿＿ ㄗㄞˋ ㄒㄩㄝˊ ㄒㄧㄠˋ ㄓㄨˋ ㄌㄜ˙ ㄅㄢˋ ㄋㄧㄢˊ，
ㄊㄚ ＿＿＿＿＿＿ ㄅㄢ ㄏㄨㄟˊ ㄐㄧㄚ ㄌㄜ˙。
(A) ㄓˇ．．．ㄎㄜˇ ㄕˋ
(B) ㄒㄧㄤˇ．．．ㄎㄜˇ ㄧˇ
(C) ㄘㄞˊ．．．ㄐㄧㄡˋ ㄒㄧㄤˇ
(D) ㄧㄠˋ．．．ㄩˊ ㄕˋ

12. Mèimei＿＿＿zài xuéxiào zhù le bànnián,
tā＿＿＿＿＿＿bān huí jiā le。
(A) Zhǐ．．．．kěshì
(B) xiǎng．．．kěyǐ
(C) cái．．．jiù xiǎng
(D) yào．．．yúshì

- -

13. 我＿＿＿＿＿＿在玩電腦遊戲，
＿＿＿＿＿＿在網路上找資料做功課。
(A) 就是．．．而是
(B) 只想．．．而是
(C) 並不是．．．而且
(D) 並不是．．．而是

13. 我＿＿＿＿＿＿在玩电脑游戏，
＿＿＿＿＿＿在网路上找资料做功课。
(A) 就是．．．而是
(B) 只想．．．而是
(C) 并不是．．．而且
(D) 并不是．．．而是

13. ㄨㄛˇ ＿＿＿＿＿＿ ㄗㄞˋ ㄨㄢˊ ㄉㄧㄢˋ ㄋㄠˇ ㄧㄡˊ ㄒㄧˋ，
＿＿＿＿＿＿ ㄗㄞˋ ㄨㄤˇ ㄌㄨˋ ㄕㄤˋ ㄓㄠˇ ㄗ ㄌㄧㄠˋ ㄗㄨㄛˋ ㄍㄨㄥ ㄎㄜˋ。
(A) ㄐㄧㄡˋ ㄕˋ．．．ㄦˊ ㄕˋ
(B) ㄓˇ ㄒㄧㄤˇ．．．ㄦˊ ㄕˋ
(C) ㄅㄧㄥˋ ㄅㄨˊ ㄕˋ．．．ㄦˊ ㄑㄧㄝˇ
(D) ㄅㄧㄥˋ ㄅㄨˊ ㄕˋ．．．ㄦˊ ㄕˋ

13. Wǒ＿＿＿＿＿ zài wán diànnǎo yóushì,
＿＿＿＿＿zài wǎnglù shàng zhǎo zīliào zuò
gōngkè。
(A) jiùshì．．．．érshì
(B) zhǐxiǎng．．．．érshì
(C) bìng búshì．．．．érqiě
(Ⓓ) bìng búshì．．．．érshì

- -

14. 早上我常睡過頭趕不上第一堂課，
因此希望我的宿舍離學校＿近＿好。
(A) 又．．．又
(B) 從．．．到
(C) 越．．．越
(D) 且．．．且

14. 早上我常睡过头赶不上第一堂课，
因此希望我的宿舍离学校＿近＿好。
(A) 又．．．又
(B) 从．．．到
(C) 越．．．越
(D) 且．．．且

14. ㄗㄠˇ ㄕㄤˋ ㄨㄛˇ ㄔㄤˊ ㄕㄨㄟˋ ㄍㄨㄛˋ ㄊㄡˊ ㄍㄢˇ ㄅㄨˊ ㄕㄤˋ ㄉㄧˋ ㄧ ㄊㄤˊ ㄎㄜˋ，
ㄧㄣ ㄘˇ ㄒㄧ ㄨㄤˋ ㄨㄛˇ ㄉㄜ˙ ㄙㄨˋ ㄕㄜˋ ㄌㄧˊ ㄒㄧㄠˋ ＿ ㄐㄧㄣˋ ＿ ㄏㄠˇ。
(A) ㄧㄡˋ．．．ㄧㄡˋ
(B) ㄘㄨㄥˊ．．．ㄉㄠˋ
(C) ㄩㄝˋ．．．ㄩㄝˋ
(D) ㄑㄧㄝˇ．．．ㄑㄧㄝˇ

14. Zǎoshàng wǒ cháng shuì guò tóu, gǎn
bú shàng dì yī táng kè, yīncǐ xīwàng
wǒde sùshè lí xuéxiào＿＿＿ jìn＿＿＿ hǎo。
(A) yòu．．．yòu．．．
(B) cóng．．．dào．．．
(C) yuè．．．yuè．．．
(D) qiě．．．qiě．．．

15. 收費站快到了，三塊錢的過橋費你準備好了＿＿＿＿＿？
(A) 沒有
(B) 有沒有
(C) 呢
(D) 吧

15. 收费站快到了，三块钱的过桥费你准备好了＿＿＿＿＿？
(A) 没有
(B) 有没有
(C) 呢
(D) 吧

15. ㄕㄡ ㄈㄟ ㄓㄢ ㄎㄨㄞ ㄉㄠ ㄌㄜ，ㄙㄢ ㄎㄨㄞ ㄑㄧㄢ ㄉㄜ ㄍㄨㄛ ㄑㄧㄠ ㄈㄟ
ㄋㄧ ㄓㄨㄣ ㄅㄟ ㄏㄠ ㄌㄜ ＿＿＿＿＿？
(A) ㄇㄟ ㄧㄡ
(B) ㄧㄡ ㄇㄟ ㄧㄡ
(C) ㄋㄜ
(D) ㄅㄚ

15. Shōufèizhàn kuài dàole，sān kuà qián de guòqiáofèi nǐ zhǔnbèi hǎo le＿＿＿？
(A) méiyǒu
(B) yǒuměiyǒu
(C) ne
(D) ba

16.「開洋白菜」這道菜的＿＿＿＿很簡單，我一說你就會了。
(A) 用法
(B) 看法
(C) 想法
(D) 做法

16.「开洋白菜」这道菜的＿＿＿＿很简单，我一说你就会了。
(A) 用法
(B) 看法
(C) 想法
(D) 做法

16.「ㄎㄞ ㄧㄤ ㄅㄞ ㄘㄞ」ㄓㄜ ㄉㄠ ㄘㄞ ㄉㄜ ＿＿＿＿
ㄏㄣ ㄐㄧㄢ ㄉㄢ，ㄨㄛ ㄧ ㄕㄨㄛ ㄋㄧ ㄐㄧㄡ ㄏㄨㄟ ㄌㄜ。
(A) ㄩㄥ ㄈㄚ
(B) ㄎㄢ ㄈㄚ
(C) ㄒㄧㄤ ㄈㄚ
(D) ㄗㄨㄛ ㄈㄚ

16.「kāiyángbáicài」zhè dào cài de ＿＿＿
hěn jiǎndān，wǒ yì shuō nǐ jiù huì le。
(A) yòngfǎ
(B) kànfǎ
(C) xiǎngfǎ
(D) zuòfǎ

17. 他的病和天氣忽冷忽熱＿＿＿＿。
(A) 關係
(B) 關於
(C) 不關
(D) 有關

17. 他的病和天气忽冷忽热＿＿＿＿。
(A) 关系
(B) 关于
(C) 不关
(D) 有关

17. ㄊㄚ ㄉㄜ ㄅㄧㄥ ㄏㄢ ㄊㄧㄢ ㄑㄧ ㄏㄨ ㄌㄥ ㄏㄨ ㄖㄜ ＿＿＿＿。
(A) ㄍㄨㄢ ㄒㄧ
(B) ㄍㄨㄢ ㄩ
(C) ㄅㄨ ㄍㄨㄢ
(D) ㄧㄡ ㄍㄨㄢ

17. Tā de bìng hàn tiānqì hūlěng hūrè＿＿＿＿。
(A) guānxì
(B) guānyú
(C) bùguān
(D) yǒuguān

18. 我幫了他的大忙, 他_____不感謝
_____還嫌我做得不夠好。
(A) 與其…不如
(B) 雖然…可是
(C) 即使…不是
(D) 不但…而且

18. 我帮了他的大忙, 他_____不感谢
_____还嫌我做得不够好。
(A) 与其…不如
(B) 虽然…可是
(C) 即使…不是
(D) 不但…而且

18. ㄨㄛˇ ㄅㄤ ㄌㄜ ㄊㄚ ㄉㄚˋ ㄇㄤˊ, _____ ㄅㄨˋ ㄍㄢˇ ㄒㄧㄝˋ
_____ ㄏㄞˊ ㄒㄧㄢˊ ㄨㄛˇ ㄗㄨㄛˋㄉㄜ ㄅㄨˋ ㄍㄡˋ ㄏㄠˇ。
(A) ㄩˇㄑㄧˊ…ㄅㄨˋㄖㄨˊ
(B) ㄙㄨㄟ ㄖㄢˊ…ㄎㄜˇ ㄕˋ
(C) ㄐㄧˊ ㄕˇ…ㄅㄨˋ ㄕˋ
(D) ㄅㄨˋ ㄉㄢˋ…ㄦˊ ㄑㄧㄝˇ

18. Wǒ bāng le tā dà máng, tā_____bù gǎnxiè _____hái xián wǒ zuòde bù gòu hǎo。
(A) yǔqí……bùrú
(B) suīrán….kěshì
(C) jíshǐ……bùshì
(D) bùdàn….érqiě

19. 他打工的時候老出錯,_____送錯菜,
_____打破盤子。
(A) 除了…以外
(B) 不是…就是
(C) 一邊…一邊
(D) 不管…還是

19. 他打工的时候老出错,_____送错菜,
_____打破盘子。
(A) 除了…以外
(B) 不是…就是
(C) 一边…一边
(D) 不管…还是

19. ㄊㄚ ㄉㄚˇㄍㄨㄥ ㄉㄜ ㄕˊ ㄏㄡˋ ㄌㄠˇ ㄔㄨ ㄘㄨㄛˋ,_____ ㄙㄨㄥˋ ㄘㄨㄛˋ ㄘㄞˋ,
_____ ㄉㄚˇ ㄆㄛˋ ㄆㄢˊ ㄗ。
(A) ㄔㄨˊ ㄌㄜ…ㄧˇ ㄨㄞˋ
(B) ㄅㄨˊ ㄕˋ…ㄐㄧㄡˋ ㄕˋ
(C) ㄧ ㄅㄧㄢ…ㄧ ㄅㄧㄢ
(D) ㄅㄨˋ ㄍㄨㄢˇ…ㄏㄞˊ ㄕˋ

19. Tā dǎgōng de shíhòu lǎo chūcuò, _____ sòng cuò cài, _____ dǎ pó pánzi。
(A) chúle……yǐwài
(B) búshì……jiùshì
(C) yìbiān….yìbiān
(D) bùguǎn…háishì

20. _____我有時間,我會到世界各地
旅遊。
(A) 要是
(B) 難得
(C) 除非
(D) 總是

20. _____我有时间,我会到世界各地
旅遊。
(A) 要是
(B) 难得
(C) 除非
(D) 总是

20. _____ ㄨㄛˇ ㄧㄡˇ ㄕˊ ㄐㄧㄢ, ㄨㄛˇ ㄏㄨㄟˋ ㄉㄠˋ ㄕˋ ㄐㄧㄝˋ ㄍㄜˋ ㄉㄧˋ
ㄌㄩˇ ㄧㄡˊ。
(A) ㄧㄠˋ ㄕˋ
(B) ㄋㄢˊ ㄉㄜ
(C) ㄔㄨˊ ㄈㄟ
(D) ㄗㄨㄥˇ ㄕˋ

20. _____Wǒ yǒu shíjiān,Wǒ huì dào shìjiè gèdì lǚyóu。
(A) yàoshì
(B) nánde
(C) chúfēi
(D) zǒngshì

21. 這是一_____價值連城的油畫。
   (A) 幅
   (B) 面
   (C) 個
   (D) 本

21. 這是一_____價值連城的油畫。(zhuyin)
   (A) ㄈㄨˊ
   (B) ㄇㄧㄢˋ
   (C) ㄍㄜˋ
   (D) ㄅㄣˇ

21. 这是一_____价值连城的油画。
   (A) 幅
   (B) 面
   (C) 个
   (D) 本

21. Zhèshì yí_____jiàzhí lián chéng de yóuhuà。
   (A) fú
   (B) miàn
   (C) gè
   (D) běn

....

22. 這麼簡單的問題，
   你_____完全答不出來吧！
   (A) 總不至於
   (B) 應該是
   (C) 不必要
   (D) 好像是

22. 這麼簡單的問題，你_____完全答不出來吧！(zhuyin)
   (A) ㄗㄨㄥˇ ㄅㄨˊ ㄓˋ ㄩˊ
   (B) ㄧㄥ ㄍㄞ ㄕˋ
   (C) ㄅㄨˋ ㄅㄧˋ ㄧㄠˋ
   (D) ㄏㄠˇ ㄒㄧㄤˋ ㄕˋ

22. 这么简单的问题，
   你_____完全答不出来吧！
   (A) 总不至于
   (B) 应该是
   (C) 不必要
   (D) 好象是

22. Zhème jiǎndān de wèntí，nǐ_____
   wánquán dá bù chūlái ba！
   (A) Zǒng bú zhìyú
   (B) yīnggāi shì
   (C) bù bìyào
   (D) hǎoxiàn shì

....

23. 這部電影_____是好看，
   _____我抽不出時間去看。
   (A) 一般，可是
   (B) 好像，所以
   (C) 好看，可是
   (D) 如果，那麼

23. 這部電影_____是好看，_____我抽不出時間去看。(zhuyin)
   (A) ㄧˋ ㄅㄢ，ㄎㄜˇ ㄕˋ
   (B) ㄏㄠˇ ㄒㄧㄤˋ，ㄙㄨㄛˇ ㄧˇ
   (C) ㄏㄠˇ ㄎㄢˋ，ㄎㄜˇ ㄕˋ
   (D) ㄖㄨˊ ㄍㄨㄛˇ，ㄋㄚˋ ㄇㄜ

23. 这部电影_____是好看，
   _____我抽不出时间去看。
   (A) 一般，可是
   (B) 好象，所以
   (C) 好看，可是
   (D) 如果，那么

23. Zhè bù diànyǐng_____shì hǎokàn，
   _____ wǒ chōu bù chū shíjiān qù kàn。
   (A) yìbān....kěshì
   (B) hǎoxiàng....suǒyǐ
   (C) hǎokàn....kěshì
   (D) rúguǒ....nàme

24. 今天有考試，我＿＿＿＿忘記了。
   (A) 竟然
   (B) 一定
   (C) 如何
   (D) 不過

24. ㄐㄧㄣㄊㄧㄢ ㄧㄡˇ ㄎㄠˇ ㄕˋ，ㄨㄛˇ＿＿＿＿ㄨㄤˋ ㄐㄧˋ ㄌㄜ。
   (A) ㄐㄧㄥˋ ㄖㄢˊ
   (B) ㄧˊ ㄉㄧㄥˋ
   (C) ㄖㄨˊ ㄏㄜˊ
   (D) ㄅㄨˊ ㄍㄨㄛˋ

24. 今天有考试，我＿＿＿＿忘记了。
   (A) 竟然
   (B) 一定
   (C) 如何
   (D) 不过

24. Jīntiān yǒu kǎoshì，wǒ＿＿＿wàngì le。
   (A) jìngrán
   (B) yídìng
   (C) rúhé
   (D) búguò

....

25. 這一篇文章，對小學生而言，
   ＿＿＿＿是太難了。
   (A) 好比
   (B) 似乎
   (C) 而且
   (D) 反正

25. ㄓㄜˋ ㄧ ㄆㄧㄢ ㄨㄣˊ ㄓㄤ，ㄉㄨㄟˋ ㄒㄧㄠˇ ㄒㄩㄝˊ ㄕㄥ ㄦˊ ㄧㄢˊ，
   ＿＿＿＿ㄕˋ ㄊㄞˋ ㄋㄢˊ ㄌㄜ。
   (A) ㄏㄠˇ ㄅㄧˇ
   (B) ㄙˋ ㄏㄨ
   (C) ㄦˊ ㄑㄧㄝˇ
   (D) ㄈㄢˇ ㄓㄥˋ

25. 这一篇文章，对小学生而言，
   ＿＿＿＿是太难了。
   (A) 好比
   (B) 似乎
   (C) 而且
   (D) 反正

25. Zhè yì piān wénzhāng，duì
   xiǎoxuéshēng éryán，＿＿＿ shì tài
   nán le。
   (A) háobǐ
   (B) sìhū
   (C) érqiě
   (D) fǎnzhèng

Directions: Read the following selections carefully for comprehension. Each selection is followed by one or more questions or incomplete statements based on its content. Select the answer or completion that is best according to the passage and fill in the corresponding oval on the answer sheet.

THE SECTION OF THE TEST IS PRESENTED IN TWO WRITING SYSTEMS: TRADITIONAL CHARACTERS AND SIMPLIFIED CHARACTERS. AS YOU WORK THROUGH THIS SECTION OF THE TEST , IT IS RECOMMENDED THAT YOU <u>ONLY READ</u> THE WRITING SYSTEM WITH WHICH YOU ARE MOST FAMILIAR WITH.

1- 2

陳仁脊骨神經專科
車禍受傷
工作受傷
運動受傷
提供免費諮詢及接受各種醫療保險

陈仁脊骨神经专科
车祸受伤
工作受伤
运动受伤
提供免费谘询及接受各种医疗保险

1. What is this doctor's specialty?
   (A) He is a Chiropractor
   (B) Industrial injury specialist
   (C) General practitioner
   (D) Sport injury specialist

2. What is the special offer being advertised?
   (A) No insurance required
   (B) Free consultation
   (C) Claims insurance for you
   (D) Free medication

#3 - 4

茲訂於 2006 年 12 月 10 日至 12 日
上午十時至下午五時
於華僑文教中心舉辦
當代名家攝影展
敬請光臨
　　　　　　美國業餘攝影學會謹邀

兹订于 2006 年 12 月 10 日至 12 日
上午十时至下午五时
于华侨文教中心举办
当代名家摄影展
敬请光临
　　　　　　美国业馀摄影学会谨邀

3. What is this?
   (A) A personal letter
   (B) An invitation to a photo exhibition
   (C) An advertisement of selling photographic products
   (D) An invitation to a cultural show

4. The event described is sponsored by the
   (A) Asian Cultural Center
   (B) Professional photographers
   (C) A famous photographer
   (D) US Amateurs Photographic Society

5

阿根廷及巴西古生物學家發現新品
種恐龍化石，這種巨大草食性恐
龍，體長約105呎到112呎，至頭
部的高度約43呎，相當於四層樓

阿根廷及巴西古生物学家发现新品
种恐龙化石，这种巨大草食性恐
龙，体长约105呎到112呎，至头
部的高度约43呎，相当于四层楼

5. Paleontologists have discovered
   (A) a gigantic stone
   (B) a huge dinosaur fossil
   (C) a new species of ancient fish fossil
   (D) a four-storey building

6

點點心意
每星期三上午 10 時 15 分
AM1400 星島中文電台

点点心意
每星期三上午 10 时 15 分
AM1400 星岛中文电台

6. This is an advertisement related to:
   (A) Singtao Newspaper
   (B) Dim sum
   (C) Cooking program on Wednesday morning
   (D) A radio broadcasting program

#7

請參與投票贏巨獎
頭獎：單人來回中國機票一張
二獎：卡拉 OK 唱機一部
三獎：星島聖誕餐舞會入場卷二張

请参与投票赢巨奖
头奖：单人来回中国机票一张
二奖：卡拉 OK 唱机一部
三奖：星岛圣诞餐舞会入场卷二张

7. How could you win a prize
(A) Participate in a voting event
(B) Participate in the Christmas party lucky draw event
(C) Participate in a singing contest
(D) Order Singtao newspaper

#8

客人誤解他的意思，令他哭笑不得。

客人误解他的意思，令他哭笑不得。

8. Which of the following best describes the meaning of the under lined phrase?
(A) Don't know how to response
(B) Cannot cry
(C) Cannot smile
(D) Cannot get what he wanted

#9

感恩節交通費漲　　旅客遊興不減

感恩节交通费涨　　旅客遊兴不减

9. The meaning of the headline is
(A) There was a lot of traffic during the Thanksgiving holiday
(B) There were less tourists during the Thanksgiving holiday
(C) There were as many tourists as before despite the increased traffic fees.
(D) There were less people traveling by plane due to increased traveling expenses.

10 - 12

即日起至 11 月 30 日，「牛角」東區分店慶祝週年慶，提供午餐半價優惠。天天都有，立即享有！
歡迎於 11:30AM-2:30PM 之間蒞臨「牛角」東區分店享用午餐。　　　*不可同時使用其他優惠

即日起至 11 月 30 日，「牛角」东区分店庆祝周年庆，提供午餐半价优惠。天天都有，立即享有！
欢迎于 11:30AM-2:30PM 之间莅临「牛角」东区分店享用午餐。　　　*不可同时使用其他优惠

10. What is this promotion for?
    (A) year-end sale
    (B) winter-break sale
    (C) anniversary sale
    (D) Thanksgiving sale

11. How much of a discount will be given during this promotion?
    (A) 30% off
    (B) 40% off
    (C) 50% off
    (D) 60% off

12. In order to receive a discount, you must go during
    (A) breakfast
    (B) lunch
    (C) tea time snack
    (D) dinner

#13
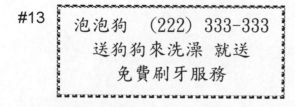
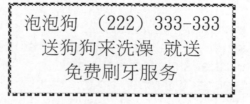

13. What free service is being offered in this advertisement?
    (A) free shower
    (B) free nail clipping
    (C) free brushing teeth
    (D) free heartworm treatment

14 - 15

開會通知
主旨：決議班上同學畢業旅行地點
時間：三月五日下午三點
地點：303 教室
請同學記得帶紙、筆來參加

开会通知
主旨：决议班上同学毕业旅行地点
时间：三月五日下午三点
地点：303 教室
请同学记得带纸、笔来参加

14. What is the meeting for?
    (A) graduation ceremony
    (B) travel destination
    (C) class mates' reunion
    (D) party schedule

15. What kind of materials do you need to bring if you attend this meeting?
    (A) paper and pen
    (B) money and form
    (C) wishing list and cost survey
    (D) classmates' photos

16

大哥：
你同學打電話來說，下午的課
因為老師生病，請假一次，下
星期再補課。

小妹

大哥：
你同学打电话来说，下午的课
因为老师生病，请假一次，下
星期再补课。

小妹

16. What is indicated in this note?
    (A) The sister doesn't have class in the afternoon.
    (B) The brother's classmate is sick.
    (C) The teacher will make up this class next week.
    (D) The brother will have class in the afternoon.

17 - 18

待辦工作要項

星期一　付辦公室租金、訂機位
星期二　預約老闆的簽證約談時間
星期三　中午和同事聚餐
星期四　去旅行社拿機票
星期五　去銀行買旅行支票

待办工作要项

星期一　付办公室租金、订机位
星期二　预约老板的签证约谈时间
星期三　中午和同事聚餐
星期四　去旅行社拿机票
星期五　去银行买旅行支票

17. When should the author make the appointment for his boss's interview?
 (A) Monday
 (B) Tuesday
 (C) Wednesday
 (D) Friday

18. When does he plan to pick up the tickets from the travel agency?
 (A) Monday
 (B) Tuesday
 (C) Wednesday
 (D) Thursday

19

飛往城市	班機號碼	班機起飛狀況
舊金山	SS543	準時起飛
洛杉磯	SS7625	延誤約 15 分鐘
亞特蘭大	SS388	準時起飛
芝加哥	SS127	延誤約 1 小時

飞往城市	班机号码	班机起飞状况
旧金山	SS543	准时起飞
洛杉矶	SS7625	延误约 15 分钟
亚特兰大	SS388	准时起飞
芝加哥	SS127	延误约 1 小时

19. Which flight is scheduled to be delayed by almost on hour?
 (A) SS543
 (B) SS7625
 (C) SS388
 (D) SS127

20

911 事件已屆滿 5 週年，但美國許多反恐專家紛紛發出警告，表示美國的安全形勢依然嚴峻，許多城市仍易遭受恐怖襲擊，特別是美第二大城洛杉磯。

911 事件已届满 5 周年，但美国许多反恐专家纷纷发出警告，表示美国的安全形势依然严峻，许多城市仍易遭受恐怖袭击，特别是美第二大城洛杉矶。

20. Which city in the U.S.A. indicated in the news would have the highest risk to be attacked by the terrorists?
(A) San Francisco
(B) New York
(C) Miami
(D) Los Angeles

21

搜索引擎

搜索引擎

21. Which of the following is the best translation?
(A) Engine machine
(B) Book search
(C) Dictionary checkup
(D) Online search engine

22

跳蚤市場

跳蚤市场

22. The sign means
(A) Traditional supermarket
(B) Flea market
(C) Farmer's market
(D) Drug store

23

禁止吸煙

禁止吸烟

23. The sign means
(A) Don't drink wine
(B) Allow to drink wine
(C) Allow to smoke
(D) Don't smoke

24 - 25 收費一覽表

一年簽证	美國公民	其他國家公民
一次入境	50　美元	30　美元
二次入境	75　美元	45　美元
一年多次入境	150　美元	90　美元

新護照申請	150　美元
護照損壞換照	105　美元
遺失後補發護照	105　美元
護照延期	10　美元

一年签证	美国公民	其他国家公民
一次入境	50　美元	30　美元
二次入境	75　美元	45　美元
一年多次入境	150　美元	90　美元

新护照申请	150　美元
护照损坏换照	105　美元
遗失后补发护照	105　美元
护照延期	10　美元

24. What is the fee for a U.S. citizen who wants to apply for a one time entrance visa?
    (A) $50
    (B) $75
    (C) 100
    (D) $150

25. What is the fee for someone who wants to apply for a new passport?
    (A) $150
    (B) $105
    (C) $10
    (D) $50

26

美國加州州長阿諾史瓦辛格昨天(15日)簽署開車時禁止講手機的法案，使得加州成為美國第四個限制駕駛人行車時任意使用行動電話的州。
這項規定將於2008年1月開始在加州嚴格執行。加州也是繼紐約州、康乃狄克、以及新澤西之後，美國第四個明令規範的州。

美国加州州长阿诺史瓦辛格昨天(15日)签署开车时禁止讲手机的法案，使得加州成为美国第四个限制驾驶人行车时任意使用行动电话的州。
这项规定将于2008年1月开始在加州严格执行。加州也是继纽约州、康乃狄克、以及新泽西之后，美国第四个明令规范的州。

26. Which is the fourth state in the United States to prohibit the use of the cell phones while driving?
    (A) New York
    (B) Connecticut
    (C) New Jersey
    (D) California

27. The sign says:
    (A) Fruit Stand
    (B) Voting Place
    (C) Bus Stop
    (D) Public Parking

27

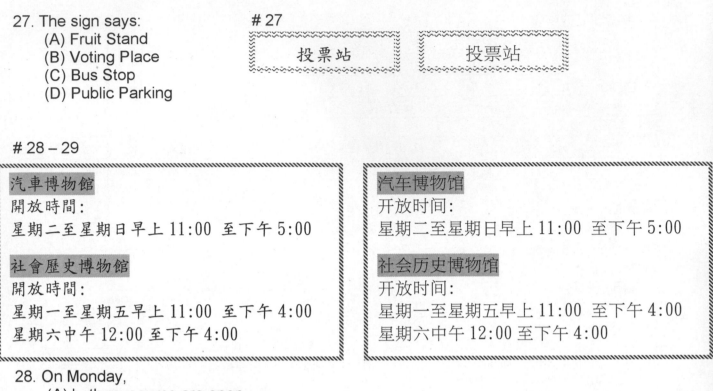

投票站   投票站

28 - 29

汽車博物館
開放時間:
星期二至星期日早上 11:00 至下午 5:00

社會歷史博物館
開放時間:
星期一至星期五早上 11:00 至下午 4:00
星期六中午 12:00 至下午 4:00

汽车博物馆
开放时间:
星期二至星期日早上 11:00 至下午 5:00

社会历史博物馆
开放时间:
星期一至星期五早上 11:00 至下午 4:00
星期六中午 12:00 至下午 4:00

28. On Monday,
    (A) both museums are open
    (B) both museums are closed
    (C) only the auto museum is open
    (D) only the historical society museum is open

29. If you visited the museums on Saturday between 11:00 and noon, what would happen?
    (A) both are open
    (B) none open
    (C) only the auto museum is open
    (D) only the historical society museum is open

30

各位旅客請注意. 1009號[自強]客車
兩點抵達第一月台; 151號[復興]號客
車遲三十分鐘到站, 要在兩點十五分
抵達第五月台. 往基隆的203號[莒光]
號三點三十分離站, 謝謝各位.

各位旅客请注意. 1009号[自强]客车
两点抵达第一月台; 151号[复兴]号客
车迟三十分钟到站, 要在两点十五分
抵达第五月台. 往基隆的203号[莒光]
号三点三十分离站, 谢谢各位.

30. When is the train 151 scheduled to arrive?
    (A) 3:00PM
    (B) 2:00PM
    (C) 2:15PM
    (D) 3:30PM

SAT II 中文模擬試題（第一套）
Section I：Listening Comprehension

Answer：

1	C	11	C	21	C
2	C	12	C	22	B
3	B	13	A	23	D
4	A	14	B	24	A
5	B	15	B	25	D
6	C	16	D	26	A
7	C	17	A	27	A
8	A	18	A	28	C
9	C	19	C	29	A
10	B	20	C	30	B

SAT II 中文模擬試題（第一套）
Section II：Grammar

Answer:

1	A	11	C	21	C
2	B	12	B	22	B
3	A	13	C	23	C
4	B	14	B	24	B
5	C	15	C	25	D
6	C	16	B		
7	C	17	A		
8	C	18	B		
9	B	19	C		
10	B	20	A		

SAT II 中文模擬試題（第一套）
Section III: Reading Comprehension

Answer:

1	A		11	B		21	B
2	B		12	B		22	B
3	B		13	A		23	A
4	C		14	C		24	B
5	D		15	B		25	B
6	C		16	D		26	B
7	B		17	C		27	D
8	A		18	A		28	B
9	B		19	B		29	A
10	B		20	C		30	D

SAT II 中文模擬試題（第二套）
Section I：Listening Comprehension

Answer:

1	C	11	B	21	C
2	B	12	C	22	B
3	A	13	B	23	C
4	A	14	A	24	B
5	B	15	C	25	A
6	C	16	A	26	D
7	C	17	B	27	C
8	A	18	D	28	D
9	A	19	D	29	B
10	B	20	B	30	C

SAT II 中文模擬試題（第二套）
Section II：Grammar

Answer：

1	B		11	B		21	D
2	C		12	B		22	C
3	C		13	C		23	C
4	A		14	C		24	C
5	B		15	B		25	B
6	B		16	B			
7	C		17	B			
8	D		18	A			
9	C		19	B			
10	B		20	D			

SAT II 中文模擬試題（第二套）
Section III: Reading Comprehension

Answer:

1	A	11	B	21	C
2	A	12	C	22	B
3	B	13	A	23	B
4	B	14	C	24	A
5	C	15	C	25	B
6	A	16	B	26	C
7	A	17	B	27	C
8	C	18	A	28	B
9	D	19	D	29	C
10	A	20	B	30	A

SAT II 中文模擬試題（第三套）
Section I：Listening Comprehension

Answer:

1	B	11	B	21	C
2	C	12	B	22	C
3	C	13	B	23	B
4	B	14	B	24	B
5	B	15	A	25	A
6	A	16	B	26	A
7	B	17	C	27	B
8	C	18	D	28	A
9	D	19	C	29	B
10	B	20	B	30	A

SAT II 中文模擬試題（第三套）
Section II：Grammar

Answer:

1	B		11	B		21	C
2	C		12	D		22	C
3	B		13	B		23	C
4	A		14	A		24	A
5	A		15	B		25	C
6	C		16	C			
7	C		17	B			
8	B		18	C			
9	A		19	A			
10	D		20	D			

SAT II 中文模擬試題（第三套）
Section III: Reading Comprehension

Answer:

1	C		11	D		21	B
2	B		12	C		22	D
3	C		13	B		23	C
4	D		14	D		24	C
5	C		15	D		25	D
6	A		16	B		26	B
7	C		17	B		27	D
8	C		18	C		28	C
9	C		19	C		29	A
10	B		20	D		30	C

SAT II 中文模擬試題（第四套）
Section I：Listening Comprehension

Answer:

1	C	11	C	21	C
2	D	12	B	22	B
3	D	13	A	23	A
4	B	14	C	24	C
5	B	15	C	25	D
6	A	16	D	26	C
7	A	17	D	27	A
8	B	18	B	28	A
9	B	19	D	29	B
10	A	20	C	30	C

SAT II 中文模擬試題（第四套）
Section II：Grammar

Answer:

1	D		11	D		21	A
2	A		12	C		22	A
3	A		13	D		23	C
4	C		14	C		24	A
5	B		15	A		25	B
6	D		16	D			
7	B		17	D			
8	A		18	D			
9	A		19	B			
10	D		20	A			

SAT II 中文模擬試題（第四套）
Section III: Reading Comprehension

Answer:

1	A	11	C	21	D
2	B	12	B	22	B
3	B	13	C	23	D
4	D	14	B	24	A
5	B	15	A	25	A
6	D	16	C	26	D
7	A	17	B	27	B
8	A	18	D	28	D
9	C	19	D	29	C
10	C	20	D	30	C

SAT II 中文模擬試題答案卷

Listening	Grammar	Reading
1 Ⓐ Ⓑ Ⓒ Ⓓ	1 Ⓐ Ⓑ Ⓒ Ⓓ	1 Ⓐ Ⓑ Ⓒ Ⓓ
2 Ⓐ Ⓑ Ⓒ Ⓓ	2 Ⓐ Ⓑ Ⓒ Ⓓ	2 Ⓐ Ⓑ Ⓒ Ⓓ
3 Ⓐ Ⓑ Ⓒ Ⓓ	3 Ⓐ Ⓑ Ⓒ Ⓓ	3 Ⓐ Ⓑ Ⓒ Ⓓ
4 Ⓐ Ⓑ Ⓒ Ⓓ	4 Ⓐ Ⓑ Ⓒ Ⓓ	4 Ⓐ Ⓑ Ⓒ Ⓓ
5 Ⓐ Ⓑ Ⓒ Ⓓ	5 Ⓐ Ⓑ Ⓒ Ⓓ	5 Ⓐ Ⓑ Ⓒ Ⓓ
6 Ⓐ Ⓑ Ⓒ Ⓓ	6 Ⓐ Ⓑ Ⓒ Ⓓ	6 Ⓐ Ⓑ Ⓒ Ⓓ
7 Ⓐ Ⓑ Ⓒ Ⓓ	7 Ⓐ Ⓑ Ⓒ Ⓓ	7 Ⓐ Ⓑ Ⓒ Ⓓ
8 Ⓐ Ⓑ Ⓒ Ⓓ	8 Ⓐ Ⓑ Ⓒ Ⓓ	8 Ⓐ Ⓑ Ⓒ Ⓓ
9 Ⓐ Ⓑ Ⓒ Ⓓ	9 Ⓐ Ⓑ Ⓒ Ⓓ	9 Ⓐ Ⓑ Ⓒ Ⓓ
10 Ⓐ Ⓑ Ⓒ Ⓓ	10 Ⓐ Ⓑ Ⓒ Ⓓ	10 Ⓐ Ⓑ Ⓒ Ⓓ
11 Ⓐ Ⓑ Ⓒ Ⓓ	11 Ⓐ Ⓑ Ⓒ Ⓓ	11 Ⓐ Ⓑ Ⓒ Ⓓ
12 Ⓐ Ⓑ Ⓒ Ⓓ	12 Ⓐ Ⓑ Ⓒ Ⓓ	12 Ⓐ Ⓑ Ⓒ Ⓓ
13 Ⓐ Ⓑ Ⓒ Ⓓ	13 Ⓐ Ⓑ Ⓒ Ⓓ	13 Ⓐ Ⓑ Ⓒ Ⓓ
14 Ⓐ Ⓑ Ⓒ Ⓓ	14 Ⓐ Ⓑ Ⓒ Ⓓ	14 Ⓐ Ⓑ Ⓒ Ⓓ
15 Ⓐ Ⓑ Ⓒ Ⓓ	15 Ⓐ Ⓑ Ⓒ Ⓓ	15 Ⓐ Ⓑ Ⓒ Ⓓ
16 Ⓐ Ⓑ Ⓒ Ⓓ	16 Ⓐ Ⓑ Ⓒ Ⓓ	16 Ⓐ Ⓑ Ⓒ Ⓓ
17 Ⓐ Ⓑ Ⓒ Ⓓ	17 Ⓐ Ⓑ Ⓒ Ⓓ	17 Ⓐ Ⓑ Ⓒ Ⓓ
18 Ⓐ Ⓑ Ⓒ Ⓓ	18 Ⓐ Ⓑ Ⓒ Ⓓ	18 Ⓐ Ⓑ Ⓒ Ⓓ
19 Ⓐ Ⓑ Ⓒ Ⓓ	19 Ⓐ Ⓑ Ⓒ Ⓓ	19 Ⓐ Ⓑ Ⓒ Ⓓ
20 Ⓐ Ⓑ Ⓒ Ⓓ	20 Ⓐ Ⓑ Ⓒ Ⓓ	20 Ⓐ Ⓑ Ⓒ Ⓓ
21 Ⓐ Ⓑ Ⓒ Ⓓ	21 Ⓐ Ⓑ Ⓒ Ⓓ	21 Ⓐ Ⓑ Ⓒ Ⓓ
22 Ⓐ Ⓑ Ⓒ Ⓓ	22 Ⓐ Ⓑ Ⓒ Ⓓ	22 Ⓐ Ⓑ Ⓒ Ⓓ
23 Ⓐ Ⓑ Ⓒ Ⓓ	23 Ⓐ Ⓑ Ⓒ Ⓓ	23 Ⓐ Ⓑ Ⓒ Ⓓ
24 Ⓐ Ⓑ Ⓒ Ⓓ	24 Ⓐ Ⓑ Ⓒ Ⓓ	24 Ⓐ Ⓑ Ⓒ Ⓓ
25 Ⓐ Ⓑ Ⓒ Ⓓ	25 Ⓐ Ⓑ Ⓒ Ⓓ	25 Ⓐ Ⓑ Ⓒ Ⓓ
26 Ⓐ Ⓑ Ⓒ Ⓓ		26 Ⓐ Ⓑ Ⓒ Ⓓ
27 Ⓐ Ⓑ Ⓒ Ⓓ		27 Ⓐ Ⓑ Ⓒ Ⓓ
28 Ⓐ Ⓑ Ⓒ Ⓓ		28 Ⓐ Ⓑ Ⓒ Ⓓ
29 Ⓐ Ⓑ Ⓒ Ⓓ		29 Ⓐ Ⓑ Ⓒ Ⓓ
30 Ⓐ Ⓑ Ⓒ Ⓓ		30 Ⓐ Ⓑ Ⓒ Ⓓ

中文模擬試題第二冊

Chinese
SAT II
Vol. 2

出版: 北加州中文學校聯合會
　　　Association of Northern California Chinese School

總編輯: 簡瑜　方治欽　谷靜

打字排版編輯: 教育委員會委員及老師

聽力測驗錄音: 湯　凌　丁維平　方治欽

封面設計: 　歐文

發行人: 陳嵐

發行: 大中華設計印務　　Valley Graphics Printing Inc.

電話: 408-837-9788　　510-909-1008

出版日期: 　二〇〇七年 六月

定價: $ 25